华通咨询 HUATONG 专注于管理实践 www.huatop.com

|华|通|中|层|领|导|力|丛|书|

如何与领导打交道

搞懂领导心理，会来事，会做事，你就会变得不可或缺!

孙科炎 ◉ 著

廣東省出版集團
广东经济出版社

图书在版编目（CIP）数据

如何与领导打交道：搞懂领导心理，会来事，会做事，你就会变得不可或缺／孙科炎著．—广州：广东经济出版社，2013.8
（华通中层领导力系列）
ISBN 978－7－5454－2574－1

Ⅰ.①如…　Ⅱ.①孙…　Ⅲ.①人间关系—通俗读物②成功心理—通俗读物
Ⅳ.①C912.1－49②B848.4－49

中国版本图书馆 CIP 数据核字（2013）第 191073 号

出版发行	广东经济出版社（广州市环市东路水荫路 11 号 11～12 楼）
经销	全国新华书店
印刷	广东省新闻出版高级技工学校河东联营彩印厂 （佛山市南海区盐步河东管理区联胜村）
开本	787 毫米×1092 毫米　1/16
印张	16　1 插页
字数	204 000 字
版次	2013 年 8 月第 1 版
印次	2013 年 8 月第 1 次
印数	1～5 000 册
书号	ISBN 978－7－5454－2574－1
定价	34.00 元

如发现印装质量问题，影响阅读，请与承印厂联系调换。
发行部地址：广州市环市东路水荫路 11 号 11 楼　电话：（020）38306055　38306107　邮政编码：510075
邮购地址：广州市环市东路水荫路 11 号 11 楼　电话：（020）37601950　营销网址：http://www.gebook.com
广东经济出版社新浪官方微博：http://e.weibo.com/gebook
广东经济出版社常年法律顾问：何剑桥律师

序

中国企业从改革开放以来经历了30多年的发展，现在正处于经济或产业结构的调整期。当下的经济形势严峻，全球性竞争格局正在进一步加剧，而中国企业不管是从研发、管理，还是从品牌、服务上来说，竞争力都有所欠缺，这是大部分管理人员都承认的一个现实，且多数管理人员也都能深刻地感受到当下这个调整期的艰难。

素以“狼性管理”著称的华为掌门人任正非说过：“华为没有成功，只是在成长。”在这位掌舵着世界排名前三的通信企业的经营者眼中，企业的成功必须如德国、美国、日本等国家的那些优秀企业一样，历经市场检验，仍然能够做到严守企业的经营理念和生存信条，与时俱进地提供高品质的产品和优质的服务。

而综观国内的大多数企业，除了经历过浮躁的市场拓展和粗放式的发展历程以外，真正用于锻炼内力、修炼品质的时间还很少。“中国制造”仍然是加工厂和低端产品的代名词，中国大多数企业仍然很难经得起风雨。

这是因为我们的底子较弱、管理水平较低所致。

毫无疑问，我们将会迎来一个新的未来，这是社会和经济发展的必然结果。在经由结构性调整所产生的未来经济或产业格局中，也必将成就一批优秀的企业。但是，谁是未来的幸运者？我们能否安然无恙地踏上通向未来的发展之路，并且在未来的市场和经营格局中占据一席之地？或者，哪些企业最有可能在这种变化中被逐步边缘化，以致于失去对未来市场的适应力？这些问题很重要，但并没有现成的答案，需要我们在实践中敏锐地察觉变化，总结出科学的经营模式和管理方法。

我们要做很多工作，才可能避免企业被边缘化。但有一条核心原则是不变的，那就是必须改变过去普遍存在的粗放管理现状，寻求企业在各个关键资源、关键业务上的价值产出。过去，我们可能认为管理好客户或者做好产品研发是第一要务，今天，这两者同等重要；过去，我们可能认为在成本的基础上控制质量是关键，今天，质量、成本，以及产品创新等，都需要齐头并进。我们能够感受到的一个基本事实就是：在一个社会快速发展的时期，把管理的重心压到任何单一经营管理要素上，都是行不通的，都不可能保障企业通向未来。我们需要以一种“全面管理”的视野来经营企业——市场位置的瞄定、竞争优势的形成与维系、应对变化的思路、业务流程的科学性、人与业务的整合、人才价值的深度挖掘等等——这些关键要素都应该纳入到系统整合、优化的范围。最终，我们需要用“全面管理”的原则和实践赋予企业强健的魂魄。

对管理进行全面优化涉及的不只是经营和管理理念，更需要落实到具体的行动中去，落实到实际管理行为中去，是对管理实践活动提出的最基本的要求。正因为如此，我们每一个管理人员都必须有意识地发现有效的、更好的管理方法，有意识地去改变企业经营中落后的因素。

在过去近十年时间里，华通咨询（全称“北京华通正元管理咨询有限公司”）一直从事企业管理咨询和研究工作，使我们有机会接触到各类型企业经营管理中常见的问题，也能够较深刻、全面地理解各类企业的管理需求。与此同时，华通咨询在过去近十年时间里，已经形成了较优秀的咨询与研究互补结合的能力。因此，华通咨询希望与更多具备前瞻力的企业经营者和管理人员一起推动这项变革。基于这样的信念和目标，华通咨询确立了一项基本的使命，那就是推进管理思想和管理技术的实践应用与研究。

在过去一些年里，我们的研究人员、咨询师队伍满怀着改善中国企业管理水平的使命感努力地工作。未来我们也将如此。您现在看到的这些图书产品，是我们依据管理实践的需求和企业普遍存在的问题，进行系统分析和总结的成果，也是我们对中国企业普遍存在的管理问题的系统解答。

站在变革时代的风口浪尖上，我们满怀希望——我们希望中国的每一个企业都能够在剧变的经营环境中安然无恙，都能够找到自己的产业座标。我们推进咨询与研究一体化的工作，并总结咨询研究成果汇集出版，其目的正如上述。

但是，除非管理人员认识到企业管理的不足以及自身的不足，并意识到这些不足是迫切需要解决的问题，否则再正确的经营思路、再有效的管理方法都不可能产生实际的经营成效。企业管理水平的提升，首先面临的问题就是企业管理人员思维方法和能动性的提升。麻木不仁或者满足于现状的管理人员，是不适合当下以及未来的经营管理需求的。管理人员必须更努力地学习新知识、新方法，必须更努力地通过管理的优化为企业创造出更好的局面，这是管理人员的使命。

当下是未来的序幕。我们今天的努力将决定我们的未来。

谨此，与读者朋友和管理同仁们共勉！

孙科炎

2013年6月

前　言

众所周知，权威的调查早已显示，人际关系对人的成功起到85%的作用，而个人的工作能力等方面只起到15%的作用，可见人际关系之重要。而在职场中，人际关系的重中之重是和领导处理好关系，获得领导的信任。因为如果你总是不能获得领导对你的认可，那么你就总觉得自己"英雄无用武之地"。当然也有些人认识到了和领导搞好关系的重要性，但往往苦于不懂得如何与领导建立良好的关系，以至于同领导的关系较为平淡，甚至因关系不良而影响自身的职业发展。

在现实的工作中，问题是多方面的，每个人遇到的问题都不尽相同，关于与领导的关系，人们有各种各样的困惑。对于如何职业化地与领导相处，以及更进一步地赢得领导的信任，也就成为每一位职业人士都需要思考和修炼的课题。

我和我的咨询顾问团队曾在众多咨询辅导课中讲授过沟通、共识、业绩等管理技术，也曾谈过员工执行力的问题，在这些交流碰撞中，我们总结了一些职业人士与领导打交道的技术和心得体会，并编写出版了《怎么沟通，领导才放心；怎么做事，领导才信任》的指导手册，这本指导手册获得了众多读者，包括一些企业员工的热情反馈。对他们的热情支持和赞赏，我们非常感谢。

随着时间的推移，曾经的经验总结在当下的管理培训需求中已经显得不够准确和简练。为了给众多职业人士提供更为恰当的指导，我们对与领导打交道的相关经验和技术进行了一次更加深入的归纳和总结。这本书的出版，是在我们之前出版的指导手册基础上的再一次完善，也是公司咨询顾问老师最近一年多培训经验的再一次总结。

相信读过本书后，你会对与领导之间的关系有许多新的理解，也能更有效地处理好与领导的关系。本书融合了心理学、管理学、社会学等多学科知识，同时结合丰富而典型的案例，力求与实际紧密结合，是一本具有很强实用性的实践指南，也是一部系统的被领导学专著。

本书内容涵盖了与领导关系的方方面面，包括如何领会并有效回应领导的感受，如何与领导建立良好的合作关系，如何解决与领导的分歧，如何和不同的领导相处，如何向领导做汇报和请求，如何协助领导解决问题，乃至如何与领导建立起良好的友谊等多方面的内容，这些内容涉及如何与领导建立和保持初步的关系以及如何提升关系等等，因此适合不同人群使用和参考。无论你是急于解决与领导关系不良的问题，还是想进一步改善与领导的关系，相信都可以在本书中找到相应的答案。

本书的基本立足点是从自我管理出发，因为一方面我们难以改变他人，另一方面我们不能被动等待别人主动来和自己搞好关系，而应该通过积极主动的自我管理，重建自己给他人的印象，最终实现关系的重建。书中的内容阐述了职业人士在不同的情境下，面对不同类型的领导时如何做到有效的自我管理，重塑自己给领导的印象，最终实现与领导关系的改善。

因篇幅所限，本书不可能将所有问题囊括进来，但书中所选的内容皆是最典型的也是最普遍的问题。同时，因作者自己知识水平有限，内容难免有所疏漏，敬请读者朋友批评指正。

孙科炎

2013 年 6 月

目　录

第一章

学会站在领导的角度考虑问题

无论是在生活还是在职业环境中，心理认同都是我们脱离不了的一条基本的人际关系法则。是拥有温暖人心的友谊，还是只能与他人冷冰冰、例行公事地交往，这中间的差别是巨大的。

聚焦：你真的明白领导的意思吗

小张刚成为一家企业的文职人员，工作很努力，一直希望老板能重用自己。

有一天，老板正在公司的会议室和高管层开会，开会中间让小张去拿准备好的材料，之前老板让小张准备过几份材料，其中有一份材料老板提到过是会议上要用的。

因为老板没有说明是哪份材料，只有那份材料老板提到过是会议上要用的，因此小张认为应该就是那份材料，再加上老板对小张说完话后就回头和几位高管谈话，小张不好意思打断，怕老板说已经告诉过她。

于是，小张很快地找到了那份材料，并拿去复印。然后很快地回到会议室，给在座的高管每人发一份。

当小张正准走出会议室时，却被老板厉声喝住："你拿这什么材料！我让你拿的是×××，怎么办事的你，这点小事都办不好！"当着很多人的面，小张当场委屈地哭了……

在平常的工作中，我们经常接到上级的工作指示，但如果我们理解错了上级的指示，最后做的肯定是无用功，再努力也是白费，因此，准确领会领导的意思是正确执行工作任务的基础。还有，只要和领导接触，领导或多或少会有一些积极或者消极的感受传达给我们，我们应该如何准确把握和应对，这也是身在职场的每个人必须经常面对的问题。本章重点就以下问题展开探讨：

(1) 如何准确理解领导的感受和意思?

(2) 如何有效回应领导的感受?

(3) 以积极的态度应对领导的负面感受有哪些方法?

1. 多从领导的角度考虑问题

当你学会转换立场，真正从领导的角度出发看待你身边的事物时，你所看到的将与你现在看到的截然不同。

1.1 如果你不关注领导心理，也就不存在认同

无论是在生活中还是在职业环境中，我们都脱离不了一条基本的人际关系法则：心理认同。正是因为心理上的认同与否，有的人拥有的是温暖人心的友谊，有的人却只能与他人冷冰冰地交往，这中间的差别是巨大的。仅就职业环境而言，领导和同事都应该成为朋友，并在此基础上达成默契的业务合作——这是一个人职业成长的关键。

但是，心理认同的关键是双方之间的相互理解。没有理解，就谈不上认同。说到理解，我们会发现一个突出的问题：事情对人的影响总是同人的切身体验密不可分，不同的体验造成了不同的认识。这种不同的认识造成了各自对事物的不同看法。

常常有人指责对方："你是饱汉不知饿汉饥!"饱汉听到这样的指责，心中肯定不爽快。事实是，肚子饱的人的确不知道饥饿的痛苦滋味，饱汉并没有错，但是饿汉为何会怒气冲冲地指责饱汉呢？这就怪饱汉没有站在饿汉的立场上，用饿汉的心理去理解对方，从而引起了对方的怨气。

如果一个下属从不考虑或者去注意领导的心理感受，就不可能与领导实现心理上的相互认同，也不可能理解领导的做法，导致自身无法与领导达成融洽的职业发展合作关系。只要这样的情况一出现，就

很容易步入恶性循环的旋涡中。

1.2 你的理解，对你的领导来说是宝贵的

在心理学上有一条心理定律叫“相似相惜定律”，是指如果交往的双方有较多类似的地方，相互之间就比较容易吸引，就能促进双方关系的发展。这就是我们常说的“物以类聚，人以群分”。

人们之所以喜欢跟自己相似的人在一起，并产生相惜之情，是因为相似的人，更容易有共同语言，相互之间发生争辩的机会比较少，而且更容易获得彼此的支持和内心的稳定感。要提醒你注意的是，不要认为领导永远是薄情寡义的。当领导处在领导位置上时，由于他肩负着更大的责任，因此他更加需要这种彼此的支持和内心的稳定感。

这种内心的稳定感从何而来？从你的理解和支持中来。如果我们每个人都是仅仅从自己的角度考虑问题，而不是理解他人，更别提自己的领导了。那么，要是你能够克服这个障碍，可以想象你将是多么的与众不同，将是多么的受到领导的信任。

1.3 照顾好你的工作，也要照顾好领导的心情

职业生活中，由于缺乏相应的理解之心，对职业环境的损害已经是一个普遍的现象，比如下面这种情况：

某领导出差好几天后回来，自己的助理却好像没见到自己领导回来一样，一整天都忙着做事，连个招呼也不打，让领导觉得自己的助理冷冰冰的，心理很不好受。

看到出差的领导回来了，打个招呼，这本来是件很简单的事情。这个助理也许觉得领导安排的事情还没完成，要忙着做，又或者认为自己的领导经常这样出差，又不是一次两次，没必要总是亲热地打招呼。总之，这个助理没有去关心领导旅程是否愉快，这让想找人诉说旅途辛苦的领导无法释放劳累的心情，于是就很不开心。

但是，假若这个助理稍稍用点时间去想象一下领导这几天旅途的劳累，抽空主动去领导的办公室打个招呼，问问领导的旅途是否顺利等等，帮助领导释放一下旅途的疲惫，结果是不是会有所不同呢？

答案是肯定的。

1.4 就像你要求领导一样，你也应该如此要求自己

有人会说，凭什么我要照顾好领导的心情？答案是，就像你要求领导要照顾好你的心情一样。你会说："我今天心情不好，领导怎么就不知道体谅我呢？"同样，领导在类似的情境中也会这样想。

在情感反应的问题，你和你的领导都是人，人心都是一样的。如果你认为自己只是在做一份工作，不需要在乎领导想什么或者心情怎么样，那么，反过来说也应该成立：领导也可以不管你的心情怎么样，也可以不管你在想什么，只需要你把工作做好就可以。

你认为这样的关系是你可以获得职业发展的关系吗？答案是否定的。

实际上，我们每个人都具备理解之心。想想看，一件事情已经发生的时候，如果把自己当成别人，这个时候我们就很容易理解和接纳某种行为。同样，因为自己已经接纳了这种行为或者心理，所以也就接纳了别人这种心理。

关键是你是否有着一颗敞开的心灵去对待别人。

1.5 无论领导的感受是什么，都应首先接纳它

有时候，你可能看到领导对你很不耐烦；有时候，你可能看到领导对你的状态很不满意；或者，有时候领导对你很不客气……无论是何种原因，你都应该在第一时间主动地进行思维切换，用理解之心体谅领导。

这个时候，你要站在领导的角度和位置上，正确地理解领导的内

心感受，并把这种理解传达给领导。我们希望你读到这里的时候，认同这种做法的必要性，这是基础。应该说，人与人之间多一层理解，就能多一层合作，也就能多一点发展。当然，它更可以保证你做事情不出差错。

在心理学上，理解和体谅之心至少具有三层含义：

（1）要感受到领导的内心世界。

（2）把自己的这种感受反馈给领导。

（3）理解领导的感受并接受，但不一定就是赞同。

在接下来的内容中，我们将就这些问题展开进一步的说明。

1.6　接纳而非对抗是搞好关系的前提

想象一下你与自己的朋友相处时的这种情景：你的一位朋友说了一句你很不爱听的话，你迅速地板起脸来向他表达你的不快，然后指责他的不是。这时候，无论你的朋友认为自己做得对还是做得不对，结局一般都是你的朋友对你也相当不满，这样就产生了对抗情绪。对抗情绪常常是破坏双方关系的基本心理状态。

但是，如果你换一种思维方式，结果会怎样呢？比如，你的朋友说了这句话，你认为这句话确实让你不快，但同时你也知道你的朋友对事情的理解可能不全面，信息也不准确，所以你认为这没什么大不了，他对你的错误认识也算是正常的。这个时候，你可能说："这件事，我可能做得不够好，但这中间还有一些情况……"如此一来，你们就会进入到一种相互积极沟通、相互接纳和理解的状态中。

与朋友的关系如此，与领导的关系更应该如此。条件反射般的对抗，常常是关系破裂的前提。长期以往，你们之间迟早会出问题。

2. 从自己的感受出发，体会领导的感受

人心都是一样的，当你这样想的时候，领导其实也这样想。关键是，我们不要随意夸大我们之间的不同，而给自己的麻木不仁寻找理由。

2.1　从关注自我的内心感受开始训练自己

一个心灵麻木的人，是无法体会领导的内心感受，无法真正与领导“合上拍”的，更别提情感共鸣了。这是因为他们的内心是封闭的。是僵死的，这种人跟领导是没有共同语言的，是领导不喜欢的。

因此，如果你想与领导产生心理上的共鸣，就要从关注自我的内心感受开始训练自己。

假如无法触及自己的感受，而想体会领导的感受，那是非常艰难的。因为这个领域对你来说还是一片空白。例如，领导可能关心成本，当成本上升而超出实际预算时，你怎么想？如果你在生活和工作中对这个问题一向毫不思索，甚至认为一切理所当然，那么你就不可能真正意义上与领导“对话”。

但是，如果我们能够冷静下来思考，很可能会得出这样的结论：领导对成本的关注，就像我们支付房贷的感受一样，这种情况确实很糟糕。这个时候，你大体上就能够知道领导为什么会生气，甚至发脾气了。

2.2　直面你的感受，是你能体谅他人的基础

我们有三点理由可以说明发掘自我心理感受的必要性：

（1）为了隐藏感觉或是抑制感觉，我们浪费了大量的精力。

（2）若不能体认自己的感受，我们就不可能了解别人的感受——我们既然可以忽略本身的感受，就极有可能忽视他人的感觉。

（3）除非有办法掌握并且了解自身的感受，否则就不可能真正理解事实的真相，因为我们的耳目被遮掩了。

因此，找出感觉的根源，确实体认自我的感觉，是一件相当重要的事情。找到你感觉的来源是必需的，最主要、最好的方法就是多关注自己的身体，认识自己真实的感受，如此才能真正理解当别人发生类似情况时，原因究竟出在何处。

2.3 跟随内心走，不要被自己的想法所迷惑

不要被你的想法所迷惑。比如我们经常能感觉到领导的关心和帮助。但我们通常也会来一个转折："但是，他总是批评我!"你要在乎的是感觉，某些想法融入了太多的情绪因素和看似理性的社会偏见，并不代表真实的现状。

感觉和想法之间的确有差异，而且常常会弄错或引起误会。当一个人想要表达他的感受时，常常会走入歧途，表达的是他的想法，根本不是他的感受。在这种情况下，要想了解感受就更困难了。

我们来做一个实验：这里有一个伪装感觉的想法："我觉得你误解了我。"请你在纸上把这句话重新写一遍，第一次你把它写成一种想法，然后请写成一种感觉，比如："我很……怎么样"的说法。

你是不是掌握住了感觉，如："我很伤心，你竟然会不明白我的意思。"或者"我很生气……"或者"我很失望……""我很孤独……"这些句子就把你的感觉表达出来了。

2.4 理解领导的感觉表达方式

表达感觉和说明感觉是不一样的。表达感觉是去做——用语言或别的行为做出来，例如耸动一下肩膀，或眼瞪得很大。说话也是表达

感觉的方式之一，例如“滚开”或是“嗨！你今天真精神”，这些都是表达感觉的方法。

说明感觉，是用“词句”给予感觉一个符号性解释，并试图向另外一个人叙述清楚，例如“滚开”这句话所表达的感觉，可说明成“我很烦”，或者是“我很生气”“我很害怕”，或是“我很惊慌”“很讨厌你”等等。

“无言的瞪视”这个举动以感觉说出来，可能为“我很惊讶”“我很兴奋”，或者“我有一肚子的怒气”。实际上，这个动作就是在表达自己的感觉。表达感觉是一种很直接的沟通方法，可是却可能产生各种不同的理解。比如：你可能把因困惑而产生的无言瞪视理解成某种鄙视。但说明感觉是不一样的，将感觉加以说明，用的是加注词句符号的办法，澄清说话人的感觉是什么样的，因而将起到有效消除误解的作用。

2.5 领导的想法常常是隐晦的，要客观地观察

很多时候，领导都不会用加注词句直接说明自己的感觉，大多数领导的习惯、顾虑以及自身的管理方式总是促使他们含蓄地表达自己的感受，比如一个动作、一个眼神、一个表情……如果去注意领导这些表达自己感受的方式，就不难体会领导的感受。

但是，你必须记住的是：任何时候都要保持客观理解，把握住领导所表达的和他真实的感觉之间的那道界限，不要误解。这种理解很多时候意味着一种默契，意味着你们的良好合作，同时也意味着你能够更准确地理解领导每一个指令背后的真实意图，避免犯错误。

3. 积极倾听和回应，你们才“有话可说”

当我们聆听了自己的感受，也了解了领导的感觉表达方式之后，

我们所要做的就是进一步收听领导的感觉。我们通常会说，这是一门倾听的学问。确实如此。

3.1 专注倾听，抛开自己的想法

有效倾听的前提是抛开自我的感受，保持一种“无我”的状态。你必须尝试着忘掉自己的思想，不要让这些思想干扰你的倾听状态。

如果你固执地认为自己是对的，或者自己有理由得到更大的理解，当这样的想法充斥着你的大脑时，你怎么可能接收领导传达的信息呢？又怎么体认领导的感觉、洞察领导的感受呢？

不能说我们自己的想法不重要。但是，在倾听的时候，你的核心任务是了解领导的想法，清空你的大脑，让领导的想法进入你的思维之中。因而，这个时候，你怎么想确实是不重要的。应该这样说，在你听清楚领导的意思之前，你的任何想法都没有意义。

你只需要不受自我想法的干扰，专注倾听就可以了。要听懂、听全、听明白。

3.2 集中注意力，保证自己听“对”

倾听领导的感觉是一种状态：保持对领导表达感觉这一语言行为本身的关注，而不是他与你话语之间的矛盾或交锋。唯有如此，你才能找到某种有用的信息，以保证你的理解是正确的，并在正确理解的基础上解决问题。

能保持这种关注的唯一途径是让注意力集中。领导说出来的话语，或者是表达出来的信号中，常常有很多数据显示出领导的感受。所以，你必须把注意力全部放在领导的言行举止上才能够发现。

收听领导话语中所显露出来的东西，是要付出一定精力的，只有强迫自己这样做，才能做得好。

3.3 用心去聆听，去感受

积极的倾听意味着我们处在一个完全接纳的状态，而不是受到内在想法与情绪的干扰。这种倾听不是只用耳朵听，而是更主动、更积极地用心聆听。必须弄明白的道理是，你呆呆地坐在那儿，偶尔听到领导讲的几句话，根本就没有用。你必须综合全面要素，收集有关领导感觉的相关信息，并得到或近似或准确的答案，而不是完全的揣度。

积极的倾听还代表着另一层意思：时刻运用思维的切换感受领导当下的感觉，并做出恰当的回应，以达到感觉的相互理解，并产生共鸣。

3.4 观察行为和加注意义

在与人交流的过程中，我们通常既观察一个人的言行举止，又依此言行举止进行认知解释。前者是观察行为（听对语言），后者就是加注意义（赋予解释）。观察领导的行为并加注意义，这是两件差别很大的事情，第一是你观察你所看到的行为，第二是对这个行为加上某一种意义。我们需要学习怎样把这两件事情分开。

通常情况下，这两件事情在谈话当中多半是密不可分的，而且是在一起发生的。比如说你看到了领导的某一些行为表现：脸色很难看，或者听到他说话的声音提高了，或者是他说的某一句话提醒了你某一件事，又或者你看到了他做某一个动作，你立刻就猜测他想表达什么意思。

想要解释领导话语里面的含意，就必须把对领导的认识观察和推理结合起来。我们看到的行为，有的可能很正确，但是如果推理得出的结论是错误的，或者是理所当然地认为推理的结论一定正确，那么，你和领导的有效交谈就会马上中断，你们交流中的鸿沟马上就会横过来，你就不可能知道更多你想知道的信息，也就无法确认你究竟应该怎样做才能更好。

3.5　有策略地表达你的情感认同

如果你希望自己更好地与领导相处，那么，在你准确地接收了领导的感觉之后，你需要做的就是策略性的共鸣。在日常的人际交往中，我们都有过类似的经历——自己深深地沉浸在对方的情绪状态中，完全能够感受到对方的心理感受，并表达出自己对他的理解、关心和支持。这时，对方就会积极回应你，对你产生好感。

把握感觉，从真正意义上体认领导的感受，创造心理上的相互认同，这是职业成功与否的关键所在。从某种意义上来说，下属不好做，领导也不好当。我们平时只看到领导高高在上，但我们很难理解领导内心的焦虑、不安和无奈。下属进行有意识的思维切换，用同理心体会领导的感受，既是人之常情，也是我们职业上相互支持、协同共进的客观要求。

4. 明白领导话语背后的用心

我们不但要听到领导说的话，还要把领导的话听懂。听懂的核心就是：既要明白领导要求你做什么，怎么做，做成什么，又要听明白领导为什么这样要求，明白领导的用心和用意。

4.1　你的理解与领导的意图也许相差十万八千里

与领导相处，具备同理心并准确地回应领导的感受是非常重要的。收听自己的感受、表达自己的感受和收听别人的感受都是具备同理心的基本条件。但我们必须清楚，同理心并非为了共鸣而共鸣，它的更大作用在于我们通过它实现业务合作中的无缝沟通，建立正确而有效的工作沟通氛围，以有效地服务于工作的开展。

我们知道的一个简单道理是：当领导交给我们一项工作时，很多情况下，我们对某项任务的理解与领导对该项任务的理解会相差十万八千里。这样的情况为什么会出现呢？原因就在于我们随意地给领导的指令下定义。

心理学家研究发现，人们在与他人打交道时会不自觉地按照自己的心理特征猜测对方，认为别人也与自己具有相同的特征。例如，自己喜欢什么，就认为别人也一定喜欢；自我感觉良好，就以为别人也都认为自己很出色……这种行为往往会对他人的感情、意向做出错误的评价。

业务部的陈莲负责带领刚从广告部调过来的李德一起完成一个项目。在合作的过程中，陈莲发现李德对于自己的意见总是似听非听，实际工作的时候也从不考虑陈莲的意见。陈莲虽然嘴上没有表达任何不悦，心里却不住地犯嘀咕：我说的也是中国话，这人为什么就是听不懂呢？

在项目策划案初步完成后，陈莲准备把成果交给总经理何培审阅。陈莲一边整理资料，一边旁敲侧击地问李德："上次何总给你的建议你考虑了吗？"

李德漫不经心地应了一句："何总说不必改动。"

"……"陈莲掩饰了质疑，探询道："何总是怎么说的？"

"何总说这部分挺有意思的。"李德对此颇为得意。

陈莲深深地明白领导的真实意思，不禁有些着急，项目要是失败了，李德可以用"新人"、"经验不足"的理由蒙混过去，而她这个主策划人既丢面子，更会被冠以"不会带人"的大帽子。

第二天，陈莲拿着项目书向何总讲解演示。到了李德负责设计的部分时，何培依旧是一句"这挺有意思"，李德十分兴奋，而陈莲在心里叫苦不迭。

等到演示结束，陈莲诚恳地向领导询问道："我们需要从多个角度检查这个项目，请您多给我们一些意见好吗？我们真的很想知道这个项目有哪些不足。”陈莲一边说一边向领导使了个眼色，让他注意李德负责设计的部分。

何培领会了陈莲的意思，没有掩饰地一连点出了项目书中好几个“死穴”，这些“死穴”全部都在李德设计的部分中。结果，这部分要拿回去重做。

在上面的案例中，李德负责的项目之所以失败，原因就在于他仅仅是从自己的角度来聆听和理解领导的话语，以自己理解的意思来替代上司或同事的心声，而不能从上司的语言和表情中挖掘出对方的真意。

4.2　不要妄自猜度领导的心理，避免“投射效应”

心理学家罗斯曾做过这样一个实验：他向参加实验的 80 名大学生征求意见，问他们是否愿意背着一块大牌子在校园里走动。结果，有 48 名大学生同意背牌子在校园内走动，而且他们认为大部分学生都会乐意背；拒绝背牌的学生则普遍认为，只有少数学生愿意背。实验表明，这些学生将自己的态度投射到了其他学生身上，这就是“投射效应”。

这种妄自揣度、强加感情给对方的情况，在我们的职业生活中经常出现，比如：我们将领导对某个问题的过细指导理解成不信任，将领导对某个问题发表看法认为是对自己的批评……这些错误的评价，阻碍着我们与领导的进一步交流，从而破坏了深入有效的业务开展。

避免投射效应给我们带来负面影响的第一前提就是专注而客观地体认对方的感觉——不要混杂自己的观点。

4.3 用回应和确认，了解领导的期望

回应和确认是避免直接猜度导致错误理解的关键。举个例子：当你在工作中有一件事情让领导极为不满而找你谈话的时候，你会怎么做?

通常情况下，大多数的人会保持沉默，这并非最有效的方法。如果你保持沉默，那么领导会更加不满。我们试着用同理心来理解这种不满加剧的原因：

（1）我说的问题，你一点也不赞同吗?

（2）你很固执地认为自己是对的，为什么不谦虚一点?

（3）如果你这么固执，下面的工作怎么放心交给你?

（4）你是不是对我个人有意见?如果是这样，为什么不说?

你会意识到，这个时候领导的内在感觉中已经掺入了个人情绪的因素了，在这样的情况下问题将变得更加复杂。你应该尽最大努力避免给领导造成类似上面列举的种种印象。否则，一切沟通和努力都不足以让你们之间形成良好的关系。

我们要避免那种情绪性的对抗，要在问题变得复杂之前就积极地回应你的领导，体认他的感受，并用理解之心来表达你的体认。

这也意味着，你必须从一开始就重视领导的心理反应。实际上，任何一个领导，即使是批评你，大多数也仅是就事论事，而并不涉及对你人身人格的责难。但是，我们发现，在沟通恶化之后，这种对人本身的评判就容易变成一个既定事实。你要想办法避免事情朝这个不利的方向发展。

你必须在领导尚在就事论事而没有变得情绪化之前，洞察领导的感受，并恰当地回应领导。比如：你可以这样说："这件事确实没有做好。您认为我接下来该怎么办?"这样的回应就是典型的共鸣性回应，同时你也能够更准确地判断，领导究竟希望你朝哪个方向努力，究竟

应该怎样努力等。

知道了领导的期望，接下来的工作你就容易做了。

5. 回应领导的方法

用好的方法回应领导，能够换来领导更进一步的坦诚交流，能够收集到对你更有意义的信息。正是这种互动的交流，使你们之间的关系变得更好。

5.1 回应的重要性

如果你需要做出回应，那么如何表达回应就是一个非常重要的技术性问题了。

有时候，你领会了领导的意思并表达出来后，领导会高兴地赞许："没错，我要说的就是这个意思。"而有时候领导则会皱着眉头更正你："不对，其实我的意思是这样……"准确地领会领导的意思，并且给予正确的回馈，难度不小。在确保正确领会的同时，还必须注意表达的方式。

总裁张总对助理廖望一向很欣赏，廖望做事一丝不苟，不论张总布置什么工作，他都能尽心尽力地完成，而且廖望还是张总创业之时的助理，但廖望几年以来一直都没有升职，令许多同事感到不解。

廖望不能升职的原因，在于张总不相信廖望具有领导统帅的才能。

"每次我同他讲话，布置他去完成一项任务，他总会重复我话尾的几个字。"张总无奈地说："比如我说：'这件事请你明天办好'，他就回答：'明天办好'这几个字。一次没关系，但每句话都是如此，我觉得很烦。我明白他是在告诉我他已经了解了任务的要点，但这样的回答方式令我很不舒服，我的说话节奏总是会被他打断。"

重复领导的话，也许是最保险的回答方式，但这种机械的重复在张总听来却是不够自信的象征。其实，要想让对方知道你已经明白了他的意思，只需眼神专注、仔细聆听，在对方讲完之后点头回答“我知道了”即可。与其单纯复述领导的言语，不如思考一下自己的主张。

回应带有两种沟通性质：一是信息确认。当你回应的时候，实际上也是在表达你对领导意思的理解，你理解得正确还是错误可以立马交给领导纠正。二是共鸣。有时候，我们的回应并不是为了确认，因为领导所表达的意思可能简单明了，但还是要回应，因为这是一种情感上的共鸣。你不想对着一个木头说话，你的领导也不想。

回应领导一般情况下有五种方式：解释、探索、支持、建议或评估、改换说法。下面我们将逐一示例并讨论。

5.2 解释性回应

解释性的回答是想要引导领导，委婉地告知领导问题的症结所在，应该怎么想，应该想什么，说明事情的真相和产生问题的原因等等。但是，解释性的回应有时候也可以作为一种了解对方真实想法的缓冲，也就是试探着抛出问题的原委，以求对方做出关于此类原委的理解，从而得出进一步的回应方案。如：

（1）领导的表达：“对你这段时间屡屡拖延的情况，我并不理解。你似乎从来打不起精神来。”

（2）解释性回应：“噢！那只是因为我没跟您汇报清楚，这两周我需要协助市场部开展一些市场调查分析工作，我总是在外面核实数据！”

5.3 探索性回应

探索性的回应是目的较为明确的回应。这种回应表示回应的人想要知道某些还没有说出来的事。通过这种回应可以进一步获取较为准确的信息。它是引导并顺着某一方面提出问题，要说话的人在这点上多谈谈。

在现实的职业生活中，真正的探索性回应需要高明的技巧，否则会被理解成对领导思想表达的抵触，容易弄巧成拙，反而阻碍建设性沟通的形成。如：

（1）领导的表达："对你这段时间屡屡拖延的情况，我并不理解。你似乎从来打不起精神来。"

（2）探索性回应："也许我对工作要求理解得并不怎么准确，您能说说我应该在哪些方面改进吗?"

5.4　支持性回应

支持性回应是一种独特的回应方式，也许是某些不利形势下最有效的回应方式。支持性的回答是要安慰对方，减轻他感受的强度，好像是说"没什么啦，每个人都有这种感觉"，或是"放心好了，总有办法的"。支持的目的是要疏通、化解——这些都是我们在人际交往中常用的策略。

在职业生活中，运用支持性回应可以充分地引导双方产生心理上的认同，并进一步就实质性问题进行准确的交流。如：

（1）领导的表达："对你这段时间屡屡拖延的情况，我并不理解。你似乎从来打不起精神来。"

（2）支持性回应："我能理解您的感受，我也正为此事着急。这两天我正在想办法调整自己的状态。"

5.5　建议或评估性回应

建议或评估性回应也是一种比较具备建设性的回应方式，这种回应方式能够形成良好的互动交流氛围。这种方式通常表现为：回应的人对对方说话的一种评估，指出对方的话是正确的或错误的，或者是恰不恰当；回应的人想暗示或者建议说话者应该怎么做。评估的结果可能是肯定的，也可能是否定的。以建议或评估的方式做出回应，意味着你必须具备准确的问题定义能力，在清晰地界定问题的基础上，及时地提供方案。如：

（1）领导的表达："对你这段时间屡屡拖延的情况，我并不理解。你似乎从来打不起精神来。"

（2）评估或建议性回应："我觉得自己对这方面的工作把握不好，因而导致工作节奏上也出现问题，您看是否可以给我提供一个指导人，以便让我尽快熟悉？"

5.6 改换说法性回应

有一种回应很特别，就是变换说法。这种回应可以适用于任何领域，包括业务谈判、社会交往，当然也包括与领导的沟通。

改换说法的回应，有一个突出的作用就是能查证自己了解得正不正确。这种回答可以针对事实也可以针对感受而发出，从而再次确认自己的理解是否正确。但是改换说法的回应也存在一个不利之处，那就是它并不直接解决问题，而是一个起步阶段的回应，是在进一步就实质性问题交流前的回应。因而，你必须清楚下一步你希望表达什么。要注意，改换说法的回应不是说一句："我懂了。"而是回答："我了解的是……您看是不是这样的？"如：

（1）领导的表达："对你这段时间屡屡拖延的情况，我并不理解。你似乎从来打不起精神来。"

（2）改换说法的回应："您的意思是，我在有关×××的任务上没有工作状态，对吗？"

五种回应方式没有好和坏之分，关键是看我们怎么用，在什么情况下用。找准时机、用对内容可以增强回应的功效。这方面需要你不断去尝试、去训练自己。

6. 如果你不确定，可以改换说法再重复一次

有策略地把领导的意思变一种说法，可以起到多种沟通作用。例如确认、进一步讨论、情感上的共鸣等等，你应该更充分地掌握这门技术。

6.1 改换说法是多数时候都要用的回应技术

某种程度上，改换说法是一种开放性的回应方式，对人与人之间的认同度而言，改换说法的回应通常是最有效的。它一方面可以表明回应者的确了解了对方的感受，另一方面也可以查证自己的假设和推理，了解自身的理解是否正确。

就真正体会领导的心理感受，以赢得领导认可这一目的来说，改换说法是一种非常普遍的做法，其中一个重要的原因就是：我们必须确保自己对领导的说法的理解是正确的。否则，我们既无法与领导建立有效的沟通，也容易对领导的业务指导产生误解，阻碍工作的开展。

下面我们试着练习改换说法这种回应类型的一些基本技术。

6.2 第一种改换说法：把你听到的说一遍

把听到的说一遍不是生硬的重复，你应该改换语气复述你所听到的话，也可以将你听到的核心内容表达出来——这种情形经常会发生在需要精确说话内容的时候，比如一个任务的执行、一个问题的解决方案等等。如：

（1）领导的表达："你把这个邮件发了后，把王主管和张主管叫来一下。"

（2）你的回应："好。"你说声"好"就离开了。

过了一会儿，只有王主管去了领导办公室，张主管却没有去，因为你根本没有通知到他。

(3) 正确的回应（试着重复领导的话）：“好！就是王主管和张主管。”

有时候，领导简单的一句话你也会听错，为了能准确记住，改换一下语气，重复领导的话，这是记忆确认的关键所在。

6.3 第二种改换说法：用不同的说法表明同一种感受

为了创造同一情境下的心理共鸣，也为了实现某种良好而融洽的工作友谊，你通常会对无数的话做出回应。但有的话并没有实质性的内容。比如，一个人告诉你“今天的天气不错”，这是没有多少实质性内容的感受表达。但是，如果你无动于衷，通常会被认为是无礼貌的表现。

这种情况在职业生活中也很常见。比如，领导想向你表达他的感受。你该怎么办？你可以用另外一种说法说明这种感受，来检查一下你收听到的信息是否正确。

这种回应有点难度，最主要的是你必须表达同一种感受，但也不能鹦鹉学舌，你还需要保持自己的观点，否则你会被认为是一个极其平庸而无独立性的附属者。如：

(1) 领导的表达：“我看，这个月业绩远远超过了我们的预期!”

(2) 改换说法的回应：（你从领导的表情和话语中知道领导对这个月的业绩很满意）“哇！真是太棒了！没想到这个月我们做得这么好!”

6.4 第三种改换说法：用另外一种说法来展现“话外音”

很多时候，沟通和交流都存在情绪化的问题，也就是说这个过程中掺杂了过多的个人情绪因素，而不是事实上的理性判断。比如，当别人分享他们的感受时，你怎么做呢？你应该表现出全神贯注地倾听他们的感受，同时你必须具备一种基于现实的选择和判断能力，而且用另外一种说法表达出来，以引导对方的思考。

一般性的谈话中所含有的情绪内容，可以用另外一种说法来回答。类似于下面这样的例子既可能出现在社会交往中，也可能出现在你与领导的交往中，你可以从中发现这种回应的具体方式。

（1）领导的情绪表达："我的天哪！今天真够受了！上班的时候要工作到好晚才能回家，结果一进家门电话铃就开始响。我真累得不得了！今天晚上要是能够好好地躺在床上看会小说就好了！希望能够不去参加今天晚上的聚会。"

（2）你的回应："是啊，今天晚上你一定想轻轻松松地休息……"

值得注意的是，用改换说法来回应领导的感受是正确运用同理心的一种技巧。这是可以供你支配的一种重要技能。大多数的人根本没有使用过这个技巧，有的人从来没有作过这种回答，所以，需要努力把这种反应培养成你与领导交流中所惯用的回应技巧。

7. 领导的负面情绪，你也要积极处理

不能认为领导就是应该淡定的、毫无情绪反应的。领导也是人，也有七情六欲，当你不能恰当地应对领导的情绪时，就容易把双方的关系变得更加复杂。

7.1　应对领导的负面情绪是一门学问

职业生活中，领导与职员对同一件事情持有不同的看法是很正常的事情，但是有时需要达成一致才可行动（有的时候也并不需要达成一致）。在需要沟通时，如果沟通效果不佳，那么，我们就应该先审视在沟通过程中是否已经带入了个人情绪。

当一个人在已经生气的情况下沟通时，他说话的语气神情总会带

些敌意，有时说出的话也不是针对事情，而是变成了人身攻击。

更多的时候，与领导的沟通需要在情绪状态良好的时候进行。但是，我们仍然无法避免某些负面情绪的来临，虽然有时候这种情绪是隐藏的，只是一种内在的负面感受。

我们不能忽视领导的这种感受，要想办法积极地应对它。在方法上，可以从以下五个方面入手：

7.2　全神贯注地倾听，然后确认你的领会

无论任何时候，你必须确保自己处在倾听状态，这是我们在前面不止一次提到的要求——在领导的感受极其糟糕的时候更应该如此，否则你就不能真正成为一个能理解他人的人。

想象一下平时被领导严厉批评的情景（如果没有可以构想一个），然后静下心来，深入自己的感觉中，关注自己的内在感受，并将自己的情绪变化过程按下面的要点写下来。如：

（1）你对这位领导的消极评价和积极评价是什么？

（2）如果你必须控制自己的情绪，你会怎样想这个问题？

（3）假如你能够心平气和下来，你会怎么回应领导的批评和指责？

（4）在这样一个心理变化过程中，你有哪些有益的心理体会？

如果把你内心体会到的有益的体会真实地运用于你的现实生活中，你就会发现这中间产生的某些微妙的心理变化和对现实的改善。

7.3　承认错误：领导绝不会无缘无故地批评你

如果领导的感觉是很负面的，甚至是很可能一触即怒的，那么你没有必要激发这种怒火。要知道，任何时候的情绪抵触都毫无意义，更重要的是，你必须谦虚地意识到自己的问题所在，并把这种对问题的认识表达出来。这就是最有效的改善沟通、缓和气氛的方法。具体应该做到以下两点：

（1）针对问题：如果是自己的责任，就应该首先承担起责任。而且必须认识到如果某些问题是客观存在的，那么，就要先处理问题，而不是抱怨。你可以轻松地承认你没有做到位，然后抓紧时间把问题解决。

（2）做出理解性回应：你必须理解领导对问题的关注以及由此给领导造成的困扰，必须学会在类似的问题上保持同理心，从而坦然地接受领导的批评。

然而，并不是所有的人都能坦然地接受领导的批评。

弥雅的MSN响了起来，打开窗口一看，是好友娟子发来了一个郁闷的表情，她又来抱怨工作中不顺心的事情。

"我的那个上司真是太可恶了！"娟子气呼呼地说了下去，"我明明已经休假，把工作安排给同事去做，结果现在项目出问题，上司反而来追究我的责任，简直是莫名其妙！"

弥雅发过去一个疑惑的表情："慢慢说，告诉我，你当时是怎么跟领导请假的？他又是怎么答复你的？"

"我给他发了一封邮件，告诉他我最近因为工作紧张，身体出了些状况，到医院检查身体后，医生说我很有可能得做个小手术，需要休息一段时间。我把工作暂时交接给同事Angela。他也没说别的，只是叮嘱我关注这个项目。但我总不能一边做手术一边打电话、回复电子邮件吧？你说这个人是不是太苛刻了？"

弥雅的回复过了很久才发过去："就从你讲述的情况来看，上司冲你发火也不是没有道理的。你在项目运行的过程中突然请假，本来就让他措手不及，项目出了问题，你绝对有责任。虽然你不是失误的直接制造者，但你在关键时刻把工作丢下，不就是间接造成了现在的结果吗？"

许多时候，上司看似“无缘无故”的批评，其实都是“有理有据”的。作为一名员工，你必须明白，上司不会随便批评自己的下属，更不会随便对下属进行严厉的训斥。作为一个团队的领导者，上司比你更明白：批评容易伤和气，若是处理不当，很可能会让整个团队的气氛受到影响。上司在提出批评的时候一般都会比较谨慎，不会无缘无故地对人翻脸，甚至是到了忍无可忍的时候才会开口批评人。无论是怎样的批评，下属听后都应该好好思考一下自己的问题，虚心接受上司的批评。如果对上司的批评抱有抵触情绪和不满，只能是错上加错。

不熟悉这段抗战历史的人也许不熟悉毛人凤这个名字。而这位“毛局长”被称为国民党特务机关的“笑面虎”、“毛军师”、“毛大秘书”，他早年在军队中从事幕僚工作，后逐渐成为军统（后为保密局）的核心人物。

这位既不是黄埔军校出身、更不是军统初创成员、外勤没有当过站长、内勤没有当过处长的毛人凤为何能够出任军统的头目呢？许多人觉得他完全是依靠同乡戴笠的提携，但这种说法还是无法概括他在官场上青云直上的秘诀。毛人凤到台湾后，曾向一个密友透露自己的做官秘诀就在于“忍、等、狠”三个字。毛人凤的性格能屈能伸，蒋介石曾经气急败坏地脱下鞋往他脸上乱打，毛人凤还能笑着说这是“领袖的爱戴”，这不是什么人都能做到的。心字头上一把刀，毛人凤坚信忍能避祸，这种心态也为他的步步高升铺好了路径。

这种对待上司批评的态度实在是值得当今的职场人学习。其实，上司的批评里除了包含一些负面的陈述外，更多的还是忠告和指示。批评也是一种重视和鞭策的行为，为什么上司不批评公司外或部门外的其他人？因为他犯不着对无关的人员扮“坏人”。

下属若能完全接受批评，理解上司的苦心，积极地谋求改善，并且对上司的教导心存感激，对于上司来说是再高兴不过的事了。这样一来，即便你再次做错事，上司也会原谅你，因为上司在指导你的过程中体会到了满足感和成就感。

我们有众多的理由可以埋怨领导或者别人，但却从来都是缺乏勇气正视自己。如果你能够时刻关注自己的问题，而降低对他人的要求，你会工作得更顺利，因为你具备了普世皆知的伟大智慧，那就是勇敢而且宽容。

7.4 解释是下策，沉默是中策，用成功或进步回敬是上策

有多少人在问题出现过后，喜欢听到一堆的解释？没多少人希望如此，你也不会乐意见到在问题面前一味解释的人。

解释是苍白无力的，至少对于已经发生的问题来说是如此。这一点，我们其实都很清楚。但正是因为清楚这一点，使我们常常犯一个常识性的错误，那就是沉默。我们在前面讨论过沉默的不足之处，包括可能让领导觉得你根本不赞同、不谦虚、固执等。

如果解释不行、沉默也不行，那么怎么样做才可以呢？我们有以下步骤供你参考：

（1）承认自己的不足，而且态度必须诚恳。

（2）做出探索性回应：了解领导对人才的素质要求。

（3）做出评估和建议性回应：确认你预想的改进措施是否符合领导的意图。

7.5 认真检讨自己的思路，完善自己的想法

如果领导的负面感受并不是针对某一件事情，而是对你的综合表现或者是某个较为严重的问题的反应时，你必须确保你了解自我的真实状态，然后制定改进计划。改变并不在一时，有可能是长期的。但是，你必须从当下开始认真检讨自己的工作思路，完善自己的想法，

或者是工作方法。

具体可以采取以下几个步骤：

(1) 第一步：分析、总结过去工作中存在的各类问题，归类整理。

(2) 第二步：寻找所有出现过的问题的本质原因，列出改善方法。

(3) 第三步：写一份工作总结报告，交给你的领导，并示意其提出意见。

(4) 第四步：按你预想的方案去行动，不要拖延。

7.6 虚心、诚恳地请教，打消领导对你的顾虑

大多数人并不懂得虚心的真实意义，认为虚心仅仅是一种可以让自己学习更多知识、提升自我水平的必要人格品质。然而，在职业生活中，虚心与否还意味着是否足够让领导放心让你去执行某项任务，担当某项职务。狂妄和无知有时候是紧密联系在一起的。当一个领导非常审慎地判断你的职业能力的时候，虚心有时候比你是否掌握了某种技术更加重要，原因在于技能可以学习，但狂妄却只会导致错误。

大多数人在职业生活中都缺乏谦虚的品质和虚心的表现，而很多人也恰恰是因为不谦虚、不虚心，所以无法得到领导的肯定。这不是因为领导的喜好问题，而是领导对某个人能否独当一面存在的顾忌。打消这种顾忌的办法除了客观认识自己之外，还要紧密地与领导交流，多向领导虚心请教，并跟上领导的工作节奏。

8. 如果领导做错了，你就要学会诚恳地交流

领导也有做错想错的时候，问题是你是不是也会跟着做错想错，还是能够及时纠正这种错误。

8.1 要从大局出发，考虑你的责任

对于自己的领导，很多人都会产生难以接近的感受。所以，我们总是想着如何获得领导的赏识和认可，但是却忽略了一个重要问题，那就是领导也存在需要得到他人赏识的心理，尤其是来自下级的赏识。这不是阿谀奉承，而是真心的赏识和赞赏，是对领导才能的一种肯定。这种赏识，会让你与领导之间形成良好的心理共鸣。

但是有一种情况除外，那就是领导也有犯错误的时候。对这种问题的处理，避而不见并不是最佳的方法，而且也是不负责任的做法。有效的做法是既要实现帮助领导纠正错误的目的，同时也要确保领导对你的这种行为是肯定而感激的。

8.2 注意维护领导的心理感受

人都会存在一种偏执的心理，就如同心理学家所言："人有时会很自然地改变自己的看法，但是如果有人当众说他错了，他会恼火，更加固执己见，甚至会全心全意地去维护自己的看法。不是那种看法本身多么珍贵，而是他的自尊心受到了威胁。"当我们处理某一问题时，如果与领导的交流与沟通形成这样一种对立的局面，那么任何问题都会复杂化。

因此，必须找到策略性的方法处理这类问题。请看下面这个案例：

"曾艳，你怎么搞的，发给客户的这个文件为什么不早点给我？"

曾艳心里连连叫苦，明明上个星期就拿给领导的文件，他自己拖着没有批示，等到火烧眉毛时，反倒埋怨起别人。

曾艳心中非常窝火，就跟领导争论起来。可是，曾艳发现，她话还没说完，领导的脸却早已黑了。

事后，曾艳仔细想想，觉得领导也不容易，事非常多，压力很大，

忘记一些事情也是可以原谅的，领导责问自己也是他分散压力的一种方式，作为他的下级是可以接受的。于是，曾艳调整了自己的工作方式。事情不是特别急的时候，她总是趁领导不忙或气氛比较轻松的时候提醒一下："王总，业务总结下周二就要交了，您批了吗?""对了，北方大客户的营销方案我给您了吗?"一来二去，曾艳成了领导最信任的助手。

如果并不是某些核心的问题，就没有必要斤斤计较。曾艳的做法非常聪明，他没有对领导反唇相讥，直指其非，而是变换方式，委婉提醒。

8.3 表现你的真实和诚恳

没有人会自大到接受不了任何批评，因为领导承担着更多、更大的责任，如果领导确实在某些问题上存在失误，他会比别人更容易接受正确的指导。但是，当你面对这种情况时，你必须注意以下两个基本问题：

(1) 你所反映的任何问题都必须是真实的，并且拿出你的证据。

(2) 你的任何表达方式都是建立在诚恳交流的基础上的。

当一个人真诚的时候，即使是批评，也总会让人愉快地接受。

为什么会这样呢？从人的心理规律中便可以寻找到一些线索。心理学研究认为，真诚会让对方在交往中感觉到安全，并且对将要进行的事情有明确的预见性，这种安全感会让人们在舒服之余对你产生信任。如果对方感觉不到你的真诚，他就会觉得被欺骗，同时产生一种不确定性，本能地认为你会对他造成伤害。

人最恐惧的不是一件不幸事情的发生，而是随时担心一件事情发生。这种担心会使人长期处于高度自我防卫状态，并使人在主观上感到焦虑和不安。如果你无法给予对方真诚，对方就会一直担心你欺骗和伤害他，并一直防备着你，最终导致交往无法继续。所以，我们高度期待真诚，而对于不真诚则高度拒绝。

8.4 给出善意的建议和帮助

每个人的心理都有一个承受力极限，超过了这个极限会适得其反。真诚的一个心理原则就是要做对方的“诤友”。这一点在与领导的交往中也是一样的。天下没有十全十美的人，每个领导都有他的优点和缺点，要想让领导与我们顺畅地沟通，就要多看到领导的优点，而不是仅盯着领导的缺点。很多人不善于发掘领导的优点，却总是拿着放大镜不断地寻找领导的不足，说起上司的缺点头头是道，却对自己的问题视而不见，还为自己制造了许多不必要的负面情绪，这些抵触情绪恰恰是影响你与上司沟通的因素。

如果上司身上确有不足甚至不如你的地方，就需要你在沟通的过程中更加尊重他，尽力协助他工作，而不应该掩盖和隐瞒，要在恰当的时机和场合指出来，但要运用体现出你的真诚的那些技巧。最后，要给予善意的建议和帮助。

指出对方的缺点和问题应注意讲明自己希望帮助对方的初衷，并提出有助于对方改正的建议。根据人的心理规律，被指出问题的人开始是不那么好受的，但当他认识到自己的短处并有了进步之后，就会感谢批评与帮助过他的人，这样彼此的情谊就会更加深厚，你就会赢得他的心。

8.5 诚恳的表达能力，可以这样学到

如何将你的真诚表达出来需要视你自己的情况加以认真练习。下面是一个有关的练习题目，你可以尝试着做一做。

找到一群人，互相表达对对方的好的看法，如：“你很开朗”；互

相表达对对方的坏的看法，如："你好像不太爱说话"；互相表达对自己的好的看法，如："我的文笔还行"。

结束后，请大家互谈感受，如对方的哪些言语、表情、行为让你感觉到了真诚，哪些让你感觉不舒服，怎样不舒服。还可以谈谈哪种情况自己表达起来比较容易，哪种情况自己表达起来比较困难等，并记录下来。

9. 对不同的领导，要采用不同的沟通方式

我们应该注意用心地、认真地分析各种不同类型领导的性格和工作方式，以及他们的心理变化，并在此基础上建立有效的沟通交流机制。

9.1 与"平庸型"领导的沟通方式

并不是每个领导都具备突出的能力，更加重要的是，领导未必具备你所理解的那种能力。因而，你可能会感觉到领导某些方面的弱势。你怎样去接受这样的领导呢？怎样与他开展良好的合作呢？

首先，你要仔细观察他，如属自身素质问题，则不必苛求。如果领导是你的前辈，就更不必要求他适应年轻人的心理需求，因为想改变他是徒劳的。你唯一需要做的就是把能想到和能做到的都做好。

其次，你要努力发现他的特长与长处，多肯定，多赞扬，以鼓励他发挥优势，并对你产生好感，对你的所作所为不反感，无敌视态度，即达到目的。在此基础上，你应该多提供你的建议，并努力去落实。

最后，保持心理平衡，减少对领导的埋怨，更不可发牢骚。

9.2 与"优柔寡断型"领导的沟通方式

优柔寡断这种特征，部分与人的个性有关。但即使个性再坚决的

领导，也有优柔寡断的时候。优柔寡断有利有弊，利在于工作求稳、遇事较细心；弊在于谨慎和固执，有时候容易错失机会。在面临机会的时候，特别需要下属提供充分的事实信息，以协助领导进行客观而准确的判断。

这样的领导心细、谨慎，有时会出奇的固执，不会随便附和众人的意见，甚至会有较强的对抗情绪。与这样的领导交流时，不能性急，而应力求自然，在体会与维护他的情绪的同时，促使他下决心。

9.3 与“强迫型”领导的沟通方式

这样的领导自我意识很强烈，具备果断决策力，这对下属来说是非常好的一个方面。但同时，这样的领导也容易主观臆断、独断专行，经常用命令的口吻同部下谈话、提要求，对下属的服从态度要求较高。

面对这样的领导，你首先要不卑不亢，该执行则执行，该拒绝则拒绝，一味服从和奉承，只能加剧其独断专行的心理定势。另外，如果你觉得个人的抗拒没有结果，就要尽量地减少与他的正面冲突，以免他形成成见，认为你有意与他作对。你可以寻找机会显示出你的才干、学识与能力，争取得到他的重视。通过“认同”与“沟通”，与之建立比较亲密的合作关系。突破这一层心理防线后，这样的领导往往会加倍信任你。

9.4 与“挑剔型”领导的沟通方式

这样的领导对下属的综合素质要求较高，同时对工作的标准也比较严格。这是一种高度负责任的态度，但同时也容易因为挑剔而显得爱指责。

面对领导好挑剔、爱指责的心理，你要多汇报，让领导知道你在干什么；还要多请教，工作中多吸取领导的意见，让你的工作成绩中有他的指导成分，有他的心血，尽量不激发他的指责心理。

9.5 与“怀疑型”领导的沟通方式

这种领导对待人的问题比较谨慎，比较看重人的个人品质。通常情况下，他不会轻易信任他人，但是只要形成信任，这种关系就非常牢固。

这样的领导在才干、经验、学识、阅历、人际关系等方面有许多优越于你的地方。如果你在心理上轻视他，那么在言谈举止中便有可能不自觉地流露出来，而他也会敏感地察觉到。你要注意他的心理活动，观察其言行，多赞赏他，创造机会和条件，展现你的真诚和合作的意愿。

9.6 面对“缺乏信任型”的领导

这样的领导对待工作的结果要求很高，但同时也对工作的过程有较严格的控制。一般而言，这类领导都是业务出身，精通业务工作，因而表现出事必躬亲，不轻易授权，总怕下级做不好的心理。

面对不信任你的领导，你要首先有良好的心态，去做那些你能做得很漂亮、很成功的小事。当你有了小成绩时，要虚心，不要沾沾自喜、尽力炫耀。应时刻有想着领导、尊重领导、甘心为领导效力的心理。

总之，工作中要谨慎地处理与不同类型领导的关系。如懂得用心欣赏领导，体会领导的用心，以谦虚的态度向领导学习，这样就会获得领导的信任和感情，从而形成良好的职业合作关系。

第二章

从执行关系发展到合作关系

职业品质和业务能力是领导非常在乎的职业要素，但是职业品质只不过是职业合作的心理保障，业务能力也只不过是业务合作的现实基础，真正能够赢得高度信赖的决定因素则是个人的综合素质。

聚焦：人们总是空谈信任，却不知信任从何而来

小吴是一家公司的招聘专员。最近这家公司连续开了很多分公司，急需大量的人才，小吴陡然觉得身上的担子突然重了许多。

平时筛选简历时，小吴都比较细致谨慎，生怕耽搁领导的时间。最近因为工作量大，招人较多，小吴每天都得浏览很多简历，所以自然没法做到以前那么细致了。于是有一天便发生了下面的情景：

“小吴，你昨天找来面试的那人怎么那么差，啥也不知道，这不是耽误我时间吗？”一大早工程部经理就冲小吴嚷道。

小吴只好支支吾吾地回答：“那人的简历上写的都符合要求啊。”

“投简历当然要往好的写了，你约他的时候不能细致验证一下吗？怎么做工作的！一点专业性都没有，就这样还能把工作做好？”

……

小吴很委屈，同时也很无奈。自己平时工作还是比较努力负责的，没想到自己因为太忙没有执行好工作，而被领导批评不专业。

在日常工作中，员工如果经常不能把工作执行到位，势必会影响与领导的关系。要与领导建立良好的合作关系，首先必须做好自己的工作。从这个案例中，我们可以提出以下几个问题：

（1）如何执行好自己的工作？

（2）如何将执行上升为与领导的合作关系？

（3）要与领导建立初步的合作关系还要注意哪些问题？

本章将就以上这些问题展开讨论。

1. 空谈信任没有意义，工作要执行到位

信任不是凭空就能获得的，想要得到领导的信任，执行力一定要强。

1.1 信任是在执行中一点一滴累积的

下属与领导有垂直的关系：执行；也有平行的关系：合作。作为下属，应该力图把垂直关系变成平行关系，这种关系是对等的、健康的，也是更容易展开深入沟通和交流的，在此基础上，才能形成良好的职业成长和发展环境。

但是，在我们试图进行这种关系的构建时，我们碰到的第一个问题是：如何从职业现实的层面赢得领导的合作信任。

客观地说，任何一个下属都没有更多的选择，当然也不需要更多的选择——只要从最基础、最重要的地方做起——就是把每一个任务都执行到位，把执行关系打造得更加健康，从而积累赏识和信任。

1.2 执行要到位，做对更要做好

工作有四个层次：做、做完、做对、做好。一项任务如果有一个详细而清晰的流程，就能很清楚地看清是不是做完了。但做对和做好的要求就比较高，这就是质量的差异了，不太容易用过程来检验，要看结果是否达到预期的目标，如果没有达到预期的目标，那就是没有做对、做好。做和做完只是表面的层次，一般人都很容易达到，但做对和做好却不是那么容易做到的，这就是人与人之间的执行力差异。将每件事做到极致，这种敬业精神和钻研精神就是执行力的最高境界。

1.3 从小处可以看出你的执行素质

一个人的素质往往体现在细节上。

美国标准石油公司曾经有一位小职员叫阿基勃特。他在出差住旅馆的时候，总是在自己签名的下方写上“每桶4美元的标准石油”字样，在书信及收据上也不例外，只要签名，就一定写上那几个字。他因此被同事叫做“每桶4美元”，而他的真名倒没有人叫了。

公司董事长洛克菲勒知道这件事后说：“竟有职员如此努力宣扬公司的声誉，我要见见他。”于是邀请阿基勃特共进晚餐。后来，洛克菲勒卸任，阿基勃特成了第二任董事长。

也许我们会觉得在自己的名字下写上公司的名字，是件很容易的事情，但坚持一直这样做下去，就像阿基勃特一样，我们做得到吗？这就是说，执行工作绝对不能满足于“做了”这一点，还要力求做好，做到底。

2. 领导要的不是做了，而是做好了

任何一个下属只有在执行过程中“做好了”，才可能真正赢得领导的信赖。那么，什么是“做好了”？从领导的心理特征来看，下面这些要素是非常重要的。

2.1 执行前与领导深入交流

执行之前与领导有较深入的交流，与领导在方向、意图方面有良好的对接。请示并不需要多长时间。没有请示的执行，尽管可能被认为是创造性工作，但也最容易让领导放心不下，原因在于这种行动很

可能会激发领导“害怕员工犯错误，增加管理成本……”的心理。

执行到位，既体现出了你个人优秀的品质和过人的业务能力，又在一定程度上体现出了你处理问题的高明——你的方式是领导接受的：不盲目、不冲动，沉稳又有策略。

2.2 充分预见问题，创新解决问题

对执行过程中碰到的问题，如果你能够有充分的预见性，同时也确实表现出能够驾驭这些问题，并创造性地加以解决。这在某种程度上会增强领导的心理安全感。

2.3 保证领导的心理安全感

同样是因为领导心理安全感的需要，执行过程中的交流应该是正常而健康的，必须保证领导所希望了解的信息在这个过程中都及时、有效地汇报上去了——即使再粗心大意的领导，也不希望出现某种突发情况时自己不知道，这会严重损害领导的心理安全感。

2.4 对执行结果进行预期

你应该对执行的结果进行预期。如果你能够做到这一点，即使执行结果并不如人意或者没完全达到预期，你也能够得到领导的充分肯定。但如果执行结果达到预期或者超出预期，领导对你的认可将会翻倍增加，对与你进行更深层次的业务合作的信心和心理安全感也将逐步增加。

2.5 客观、准确地总结执行过程

这要求你对整个执行过程的总结是客观而准确的。人总是在不断实践中成长的，领导对员工个人也有成长的期望。这就要求员工必须具备批判性总结的能力，要客观地、准确地判断自己。如果你能够准

确地认识到过去的不足，那么领导也希望给你机会让你纠正自己的不足。但如果你无法准确地判断自己过去的成与败，那么你们的进一步合作将会被终止。

现在再来看上面那些要素，你会发现，个人的执行是努力也好，是能力也好，都会在领导的心理上产生某些细微的变化。这些细微的变化决定了领导是采用更积极的态度还是更保守的态度与你展开进一步的合作。所以，我们赋予“做好了”这个词另外一个含义：“做好了”不是你认为的“做好了”，而是你的领导认为的“做好了”。这是高度的职业化综合素质的展现。

3. 领导是否认可，取决于你的综合素质

要赢得领导的认可，仅凭职业品质和业务能力是不够的，更多的要靠个人的综合素质。

3.1 综合素质是赢得认可的核心要素

大多数人都知道，领导一般都非常在乎下属的品质和能力。但我们不知道的是，品质只不过是职业合作的心理保障，业务能力也只不过是业务合作的现实基础，这两者通常只能够起到最基础的保障性作用，换句话说，就是品质和业务能力可以让你稳住领导的心理底线。但要真正赢得领导的信赖，光凭这两者是远远不够的。真正能够赢得领导信赖的决定因素是个人的综合素质——待人处事的敏感度、策略，以及真诚的关怀之心等。

那么，什么是综合素质？为什么综合素质是赢得领导高度认可的核心要素？下面我们来展示一些职业素质，并列举一些事例来说明。

3.2 服从领导的意识

执行之前的方向性对接展示了怎样的素质？在这个环节里我们将它隐含的心理反应罗列如下：你懂得在领导的指挥下做事，即使你有创造性工作的能力，但你也懂得尊重领导，任何时候都不会在领导未许可的情况下行动。

3.3 处理问题讲究策略

处理问题并不是问题最终解决了就好了，如果是在盲目、冲动，而且没有预见性和创造性的情况下将问题解决，那是不是侥幸呢？下一次还有这种幸运吗？如果碰到更复杂的工作，你是不是更加混乱，问题是不是更多？

3.4 谦虚审慎的态度

你是否认识到问题的严重性？是否时常愿意接受监督并听从他人的指导？如果不是，怎么确定你能够吸纳别人的意见，避免错误发生！领导不会认为你是天才，至少你需要让他知道，当可能出现问题的时候，你总是在多方吸取意见，包括他的意见。

就职业的综合素质来看，它是一个完整的体系，包括多方面的要求。它与个人的能力、品质相关，但也不尽相关——能力只意味着你能做好，品质最多也只能保证你个人不会犯人格上的错误。真正起决定作用的恰恰是上面所列的那些要素，也就是个人综合素质的展现。

4. 承认领导的智慧，读懂领导对你的期望

心理学的研究认为，仿效一个成功人士是成功的捷径。这是因为，成功人士为我们提供了成功的图式，具备清晰的远景画面，从而在我

们的意识中完成对这一远景的描绘和行动的把握。

4.1 领导是最佳的成功仿效对象

客观上，最佳的成功仿效对象需要具备三个基本条件：

其一，客观上他比你更成功；

其二，他的确有过人之处；

其三，你能够深入地了解这个人，具备有效模仿的现实条件。

无论你承认与否，你的领导都符合所有要素。你可以通过观察、了解，认识到领导的各种工作、生活方式，这是他们成功的根本，也是你需要学习参考的地方。比如：你的领导是以何种方式与他的领导相处的？当你明白他以何种方式与他的上司相处而得以安稳地做你的上司时，你就可以如法炮制。

现实的情况是，众多的职业人士无法做到向领导学习，其中大部分原因来自于心理上的隔阂，以及一些情绪化的对立——这恰恰是职业成长的重要心理障碍。我们必须坦然地承认自身的不足，客观地承认领导的智慧并接受领导的感受，这是成功职业人士必须具备的职业素养。

前面曾经说过，我们不能有情绪化的反应，要用同理心体认领导的内在感受，并做出恰当的回应——这一切要求的实现基础是你是否真正意义上认识到自己的问题，同时也对领导的行为反应持肯定态度，包括领导看问题、待人处事的方式方法。

如果你确实能从内在态度上保持这种肯定，那么无论你面对何种困难，你都能够自然而然地与领导进行准确、恰当的交流与合作。如果你只是强迫自己按照某种规则进行交流与合作，那并不能给你的职业成长带来更大、更彻底的改变——你终会在某个时刻爆发出你内在的观感，你所有的强迫性努力只会被认为是一种职业的虚伪，这是极其不利的。

4.2 认同领导，改善自我

从内心上承认领导的智慧，对领导持肯定的态度，至少会让你在以下几个方面获得持久而有效的改善：

（1）你平时流露的任何言行，都将客观上让你更好地融入到与领导的友好合作关系中来。

（2）你更能准确地把握领导内在的心理感受，从而为你们之间的情绪共鸣创造有利条件。

（3）你更容易获得领导的业务指导，从而提高你自己的业务能力和待人处事的水平，保证你处在一个不断上升的成长轨迹中。

为了一个良好的职业成长环境，你必须加深与领导的合作。这可能不是领导的要求，但是确实是领导希望的。在职业生活中，你也可以通过领导在工作上的做事方式了解到他为什么做某些事情会富有成效，为什么有些事情在他处理起来更容易。他的力量从哪里来，等等。这些都需要你耐心地、细心地去体会。体会透了、学到了的时候，也就是你进步的时候了。

4.3 读懂领导对下属的期望

如同老师希望自己的学生成绩优异，父母希望自己的孩子茁壮成长一样，你的领导同样希望你做出更大的事业。这绝不是一句冠冕堂皇的话，而是事实。事实是，每一个管理者都希望自己拥有一大批更加优秀、更加成功的员工，组成一个更加有效的团队，为企业做出更大的贡献。

在一家出版社的编辑部中有两个关系很好的中层主管，他们分别负责两个图书门类，手下都有 3～4 名编辑。在一个主管即将离职时，两个人一起吃饭聊天，席间，他们讨论起了带领部下的心得。

主管A感叹道："我手下的编辑在应聘考试的时候表现都不错，但实际工作中的表现却令我十分无奈。按理说，许多问题不需要领导点透，需要他们自己学习领悟。而我布置的任务，他们能完成80%就算不错了，找他们谈话，他们又不同我交流想法，只是低着头一言不发，让我说也不是，不说也不是。"

主管B深有同感："确实，人都是有潜力的，新人来到企业中肯定会在实务操作中得到成长，只是成长速度的差别而已。但如果太明确地表达出对他们的期待，反而会让他们骄傲自负，没做好基本的工作，就要去尝试更难的任务，不再有耐心和恒心了，变得非常浮躁。"

许多在基层工作的员工都认为："我的上司总是压制我，他对我非常挑剔，我好不容易完成一个十分艰难的任务，他还总是挑剔个不停。"实际上，领导者对你的期待，比你自己设想的更高。

在进入一个工作岗位时，你也许已经给自己定下了一年的工作规划，可是你的上司比你想得更远——他可能已经为你谋划了3~年的发展道路。

Jefa在加入杂志社的时候，担任的是英文编辑的职位。那时，不论是Jefa的朋友还是公司的高层都一致认为：Jefa不适合做编辑。

确实，Jefa学的是工商管理专业，而且性格开朗，交游广阔，怎么看都不像编辑职位的人选。

而Jefa的直属上司也就是杂志的执行主编力排众议录取了他，因为主编看中了Jefa在市场推广方面的才能。当时杂志中并没有专门的市场部，只有一个兼职市场推广的员工，这名员工半年后就有可能离职。

就这样，Jefa进入杂志社，从一个一窍不通的"菜鸟"编辑做起。回忆起这段经历，Jefa笑着说："因为工作效率低，主编没少骂我，他对我说得最多的就是：‘你连这个都做不好，我怎么能把更重要的工作交给你？’但这段经历改变了我的职业生涯，让我认识到自己还有更多的发展可能。”

半年后，Jefa 从一个连编辑符号都不懂的新人编辑蜕变成每月选题通过率最高的编辑，并且接替了市场推广工作，从零起步，组建起杂志社的市场部。两年之后，Jefa 为杂志社创造了巨大的收益，也成为了业界知名的专业人士。

两位主管的抱怨在职场中天天都在发生，Jefa 的故事也绝非编造，而是真实存在于我们身边。也许你身边那个对你苛刻挑剔的领导，当年就是像 Jefa 这样一步一步地走过来的。所以，他同样以此要求你，规划你。

在抱怨领导挑剔、压制你的时候，不妨静下心来思考一下：是不是我做得不够好？是不是我还没达到领导对我的要求？

很多下属都不能理解领导的这种心态，将领导与自己看成是管理与被管理的关系，甚至认为由于两者之间立场不同而存在着根本的冲突。这种心态实际上既无助于自己的进步，更无法与领导建立和谐的关系——它往往成为阻碍我们与领导良好合作的严重问题。由这种心态产生的行为就是抵触、对抗以及抱怨与推诿，对个人的成长也是极为不利的。

总结一下上司对自己的下属一般都有哪些期望。认识到这个问题对自己有相当大的帮助。我们可以列举下来：

（1）期望你能够更快、更有成效地做好本职工作。

（2）期望你不断地提高自己的能力，在本职工作之外尽可能地为公司创造价值。

（3）期望你谦虚谨慎，注重与企业各阶层、各群体的良好协作。

（4）期望你能够站在领导的立场上想问题，理解领导的各种做法。

（5）期望你在外能够维护公司的利益，站在公司的立场上想问题。

……

我们无须列举很多，仅仅以上几种期望，你做到了吗？要知道，这些期望于任何一个单位、任何一个领导都是存在的。很多人抱怨自己在组织中没有得到重用，或者是没有得到充分的重视，实际上，你只要静下心来仔细思考，就会发现，你个人存在诸多不足——要改善这些不足，你需要做的就是表现出你的谦虚，并接受领导的感受，然后再创造环境，寻求领导的指导和帮助。

5. 保证结果到位，过程也不能让领导提心吊胆

从领导的要求来看，执行到位是一件相当不容易的事情，因为领导不仅仅只注重结果，也注重过程，不仅仅注重事情本身，也注重你个人的综合表现。

5.1 做好执行，对过程和结果负责

任何时候对待任何事情，你都不应该掉以轻心。你可能无法理解的是，领导的判断总是从多方面来衡量，并且站得更高，看得更远，你必须注意你的行为引发的领导心理上的点滴变化。

下面这则故事，是执行中的经典，可能会给你带来一些启发。

20世纪70年代索尼准备进军美国市场，但遭到了巨大的市场阻碍：美国消费者并不认同索尼的产品。索尼公司不想放弃在美国的销售市场，就不断地派出销售人员到美国芝加哥，但去的这些人员每次都空手而归。没办法，公司国外部部长卯木肇先生只好亲自前往美国。

经过调查，卯木肇才发现，以前的销售人员不是没有努力，而是错误地运用了市场策略。他们曾多次在芝加哥报纸上刊登低价销售索

尼彩电的广告，给当地消费者造成索尼产品“低贱”、“是次品”的形象，公司的形象被损害了，产品也就无人问津。

如何改善这种形象呢？一次偶然的机会，卯木肇先生在一个牧场看到一个牧童牵着一条雄壮的大公牛进入牛栏，公牛的脖子上系着一个铃铛“叮叮当当”地响着，一大群牛跟在公牛后面，温驯地鱼贯而入。眼前这一群庞然大物规规矩矩地被一个不满三尺的牧童驯服，是因为牧童牵着带头牛。卯木肇先生突然茅塞顿开：找一个最大、最具权威的商店率先突破。

这个想法立即赢得了大家的支持。而他们选择的对象便是当地最大的电器零售商马歇尔公司。但随后大家发现，约见马歇尔公司的负责人是个大难题，卯木肇先生三番五次登门拜访都吃了闭门羹。由于坚持不懈，有一次卯木肇先生终于得到了接见机会，结果却迎来了这位零售商负责人劈头盖脸的批评，说索尼彩电一开始就降价销售，像一只瘪气的足球被踢来踢去，无人要。后来每次见到马歇尔公司的经理，他总会找出一大堆理由拒绝销售索尼彩电。卯木肇先生每次都忍气吞声，赔着笑脸，同时采取一系列措施，改变索尼彩电的形象，甚至建立索尼彩电的特约服务部等。

索尼彩电仍旧遭到拒绝，但卯木肇先生还是不断地坚持，并且保持着高度的耐心和礼貌。卯木肇先生要求公司员工每人每天拨 5 次电话，向马歇尔公司求购索尼彩电。按照规定，接到求购电话是要做记录的，这样高的求购电话使马歇尔公司的员工不得不上报，把索尼彩电列入待交货名单。索尼制造虚假的市场需求信息，使马歇尔公司经理大为恼火。等经理火气消了一点时，卯木肇先生就大谈索尼彩电的优点，还告诉经理索尼彩电是日本国内最畅销的商品之一。他态度十分诚恳地说：“我三番五次求见您，一方面是为本公司的利益，但同时也考虑到了贵公司的利益，在日本最畅销的索尼彩电一定会成为马歇尔公司的摇钱树。”

马歇尔公司经理听了这些话同意试销两台，于是卯木肇先生带着两名得力干将，破釜沉舟，在当天下午就销售出两台索尼彩电。随后，索尼彩电在1个月内竟卖出了700多台，不到3年时间，索尼彩电在芝加哥市场的占有率就达到30%。

无论任何职业，在发展过程中都需要将执行做好，既要对工作的结果负责，也要对工作的过程负责，这些最终都是对自己负责。在案例中，卯木肇先生没有像索尼公司之前派出的销售员一样，不去考虑索尼彩电在美国的后果，为自己找个理由然后轻松地回到国内，而是下定决心留下来改变现状。后来终于从领头牛身上找到了销售索尼彩电的突破口，并抓住时机，锲而不舍地与当地家电销售商进行交涉，最终完成了索尼公司委派给他的任务。

5.2 主观能动地执行

我们都听过这样一个小故事：

张云和李明都受雇于同一个老板，他们拿同样的工资。可是一段时间后，张云很快提升为主管，而李明仍然是个小业务员。李明不理解，便到老板那里发牢骚。老板听完了他的抱怨，跟他说：

“你去市场上看看今天早上有什么东西卖。”

李明从市场上回来给老板汇报：

“今天就只有一个农户拉了一车土豆在卖。”

“有多少？”老板又问。李明又回到市场上，然后回来说一共800斤。

“多少钱一斤？”老板继续问。李明又回到市场问清了价格。

老板把张云叫来，跟他说：

“你去看看市场上有什么东西卖。”

张云很快从市场回来，告诉老板："现在市场上就一位农民在卖土豆，一共800斤，每斤5毛钱；土豆质量还不错，我拿回来一个您看看品质。这个农民告诉我过会还会有人来卖豆角，价格也还公道。您打算买什么？我已经把那位农户叫来了，他在外面等着回话呢。"

老板听完张云的话后，意味深长地看了看站在一边的李明。

执行到位不是机械的执行，而是发挥主观能动性的积极的执行。要懂得及时执行的重要性，绝不错过机会。一个优秀的执行者，必然也是及时执行到位的人。执行不到位，就会使自己处于被动地位。

执行，绝对不能满足于在"做了"这一点上。满足于"做了"，不仅会浪费资源，更可怕的是一种自欺欺人：既有可能将自己麻痹，也有可能使单位疏忽乃至麻痹，于是，该有的效率就出不来。

6. 与领导的合作关系，从细节开始

角色理论认为：针对不同的状态保持相应的角色状态，可以更容易地提升与领导的合作关系。

6.1 在恰当的时机做正确的事

心理学研究认为，在与人交往与合作中，什么样的时机出现什么样的状态尤为重要。一旦在不恰当的时机出现了不对称的状态，情况就会失控。这并非是危言耸听，因为人际交往的驱动力固然有物质和精神方面的需要，但人们的心理状态对交往进程和结果的影响非同小可。最有效的办法就是依据人的不同心理情绪状态给予不同的帮助，在最恰当的时机做最正确的事情，这就是心理学上的角色理论的启示。

当一个职员与领导建立了较好的合作关系后，事实上是完成了一个角色上的重大突破——这一点是客观的。很多人无法与领导建立这

样一种关系，因而也通常只能处于接收指令然后执行指令的职业状态中，这显然对自我的成长不利。但是，要完成这样一个角色转换，下属首先应该做好每一个角色，在不同的状态中保持对应的角色状态，得到领导的信任，甚至某种程度上的依赖。

为了更好地让你与领导建立真正的职业合作关系，我们提供了下面5个方面的要点：

6.2 把精力投入到工作中

是否能够得到领导的信赖，能力是一个重要的方面。但有能力的人很多，并不是每个人都会得到信赖。而能力一般的人，也有可能获得更高的信赖。这是因为领导会判断一个人的内在心理特征，其中一个重要的心理特征便是：领导总是重用那些把精力投入到工作中的人，即使这个人的能力相对较弱，但重视工作本身就是一种优秀的品质，这也就是我们通常所说的态度。

6.3 及时汇报重要问题

现在，我们从领导的内在感受出发体会一下。假如有一件重要的事情发生，比如一项非常艰难的任务，而且这项任务关系到公司的经济、社会效益。领导肯定会关心事情的进展情况，这就需要你不等领导来问，就要懂得及时汇报。还有一点，及时汇报可以让领导了解你的工作进度，哪怕最终你未能把事情办得很好，至少也让领导知道你努力去做了。

6.4 让时间来证明自己

国外消费行为学研究表明：过多地重复广告信息虽然引起受众的反感，但却不影响受众对信息的记忆以及日后的商品购买行为。上面反映的就是心理学中的“睡眠效应”——人的心理都有一种与生俱来的乐观肌体，只要你处在不断的进步中，时间总会让对方忘记不愉快的记忆。与领导的合作关系中，你也需要善用睡眠效应的影响力。这就需要你一方面要停止给领导不好印象的行为，另一方面，领导批评你时不要沮丧，积极改善自己的行为，随着时间的推移，慢慢让领导重新认识你。

6.5　学会就事论事

“自知者明，知人者智”。能否正确地认识和了解他人，并做出客观的评价，是职业素质优良的一个充分体现，也是一种让人信服的智慧。这种智慧并不仅仅是你个人成长需要的，也是领导乐见的。与领导沟通交往的时候，必须准确客观地提供你的看法，而且要做到就事论事（有一种情况除外，私下里领导希望听到你个人的看法，这是另一回事，在这种情况下，你也必须诚实地说出感受）。这就要求你不以第一印象作为取舍标准，不能因一时一事而对别人下判断，也不要用自己的标准去要求别人，判断他人好坏切忌从自己的感情出发，或者因为不喜欢某人某个方面而否定他整个人。

6.6　利用“金鱼缸效应”

要提高他人对你的信任度，首先要增加你的人际透明度，这就是心理学上的“金鱼缸效应”。它是一种比喻，也就是极高透明度的人际交往模式。与领导的合作关系中，你需要提高你的透明度——这是让领导产生信任和安全感的重要前提——特别是针对那些与自我的得失相关的事情，就更应该如此。这就需要你与领导加强沟通；需要你学会利用睡眠效应，慢慢坦白自己；需要你毫不隐瞒地表达自己的全部感受；最后还需要你注意自己的身体语言，比如和领导沟通时看着对方的眼睛，表达自己的专注和坦诚。

7. 端正态度，调动积极性

我们无论做什么事情，人的主观能动性都是极其重要的，这样我们个人的态度问题就显得相当重要。

7.1 调动主观能动性

人的态度与主观能动性存在着深刻的关系。工作态度端正，积极主动，想干出一番事业的人，主观能动性较易发挥出来；反之，那种工作消极，混日子的人是很难发挥主观能动性的。

平时的工作中，你是否注意到领导正在努力完成的任务、目标，是否注意到领导总是很忙，工作到很晚。如果你用心去观察了，是否想到采取行动？比如协助领导收集有用的数据、分析材料，帮助领导达成目的。作为回报，领导会把你看作团体中有价值的成员。

孙成是一家公司的普通员工，由于不太满意现在的岗位，对工作缺乏激情，也没有兴趣去学习和努力，以提高自己的工作能力和综合素质，反而觉得自己能力很强，具备管理水平，当一个部门经理没有问题的。因此，对经理安排的事总是应付了事，工作上也从不主动配合经理，要等到经理指定他才会去做。对公司其他部门的协助也是拖拖拉拉，同事催了很多遍才会去做。孙成的行为引起一些同事的不满，同事们把对他的意见投诉到经理那去。

经理为此经常找他谈话，表面上孙成点头认可经理的提醒和建议，而在实际工作中仍我行我素。后来，经理要离开公司去别的公司发展，孙成认为经理的位置理应由他来坐，于是就把这个想法上报给领导，领导为了考察一下他的工作能力和管理水平，就将一个新的项目交给他全权负责。

孙成自己也感觉到这是公司领导给自己的一次机会，就全身心地投入到这个新项目中，认真负责地开展相关的工作，并竭尽全力去做好每一件事。然而，由于孙成之前与经理的配合不是那么密切，而且由于做事缺乏主动性，很多事都是原来的经理自己去做，孙成自己没有多少工作经验。孙成也主动寻求其他同事帮助，但鉴于此前孙成的表现，很多同事也不积极帮助他，致使这个新项目的实施出现很多问题，引起客户的强烈不满。

最后，公司领导还是决定对外招聘一名经理来接替现在的工作。就这样，孙成与这次难得的机会擦肩而过。即使如此，孙成仍不吸取教训，在新经理上任后，在很多事情上他依旧不配合，结果与新来的经理关系闹得越来越僵，致使该部门的一些工作没法开展，最终，为了不影响部门工作，经理辞退了孙成。

个人对工作的态度将会极大影响自己的工作状况。如果以消极的态度面对工作，你也许会认为工作毫无希望和乐趣，忽视领导和同事对你的工作要求，甚至很有可能把工作引向最坏的结果。

7.2 避免给领导带来负向心理

无论是在职业生活中还是在为人处世中，我们都必须记住一条道理：如果做不成好事，也千万别做坏事。这样的忠告缘于“印象过程中消极印象比积极印象更难改变”的负向心理规律。我们往往都有这样的经历，自己辛辛苦苦的付出并没有得到他人的认同，一气之下，就采取疏远他人或者抨击他人的措施。让你想不到的是，这样做的结果不但使你以前的努力付诸东流，还给人留下了难以磨灭的恶劣印象。不公平？你错了，这正是“负向原理”展现的不折不扣的“公平”。

为什么别人对我们无数次的“好”也不足以弥补他对我们的一次“不好”？为什么在政治竞选活动中“抹黑运动”比“形象工程”威力

更大？这并不是因为心胸狭窄，而是由于龌龊的事情给人的大脑造成的震撼更大。上面的案例中，孙成之所以造成这样的结果，原因正在于他导入了负向心理的旋涡。这个案例给我们的告诫是：当一个人准备奋斗之前，必须确保你在过去的生活和工作中如果没有给别人留下好印象，至少也没有留下坏印象。

8. 纠正消极思维，主动改变自己

在你希望与领导展开更真诚、更有效的合作之前，你必须确保你以前的表现是让人放心的。否则，你必须首先改变你的表现和你的思维方式，让自己更加积极主动，并经过自己的行动将领导的负面思维纠正过来。换句话说，就是在改变领导之前，必须先改变自己！

8.1 知道消极思维在自己工作和生活中的存在情况

你自己存在消极思维吗？平时做一些有助于增强你对消极思维认识的事情。坚持写日记，写下你的消极思维。只有你清楚了针对目前的境况你是怎样思考和怎样进行自我对话的，你才有可能尝试做出改变。

8.2 纠正消极思维和陈述

一旦你识别出自己的消极想法和消极思维模式，你就能用积极陈述去替换消极陈述。一般来说，对一件事，要找到不同的、积极的处理方法，这并不难，但是要坚持不懈地这样做。试着给出自己对一件事的两种或两种以上的解决方法。

8.3 使自己活跃起来

工作之外参加体育锻炼和其他令你感到愉快的活动。锻炼能增强美好感受，减少身体的紧张度，减少压力，从而降低抑郁水平，让你感觉良好。

8.4 认真过好每一天

人们经常耗费许多精力去担心“如果……发生，会怎样”。也就是说，他们担心也许根本就不会发生的事情，并因此感到不快乐。因为他们老去想将来最坏的情况，所以就不去关心其他当前需要关心的事情。我们需要应对的是“现在的情况是…”，即今天要做的事情是什么。

8.5 不要有负罪感

如果有些事情需要你负责，那么你就要承担起责任，道歉或者给予补偿，之后就不要再纠缠这些问题了。负罪感会耗费人的精力，妨碍人的进步。

8.6 生活就是选择

有的选择会带来积极的结果，而有的选择则会带来消极的结果。尽最大努力从错误中吸取教训。要知道，在整个人生旅途中，你都需要不断地学习，而从错误中认真吸取教训正是学习的一个有效途径。

8.7 检查你付出的积极的一面和努力取得的进步

在这里，写日记又可以起到帮助作用了。不过，评估进步的最佳方法是自己的感受。如果你正朝着正性思维模式转变，你会发现你的烦恼和灾难化倾向减少了，这将使你产生一种良好感受。是不是发现自己无论是生活还是工作都变得积极、热情了？

9. 领导没做到位的，你要把它做到位

领导总有分身乏术或者出错的时候，这个时候下属就必须顶上去。

9.1 及时“封堵”

下面用一个小例子来说明这个问题。

小张工作不到两年就被提拔为部门主管，而与小张同时进入公司的员工现在仍在原地转圈。这全都缘于领导对小张的器重。

小张说自己工作很有目标性，对于领导突然接到的十万火急的任务、棘手的案子、繁杂的计划汇报等等使领导搞不定、分身乏术的工作，小张都主动请缨，把领导的工作当成自己的份内事，并力争圆满完成，最后让领导坐享荣誉，领导因此对小张青睐有加。同时，小张的做法也让他熟练掌握了业务流程，成了领导的左膀右臂，因此嘉奖、晋升自然少不了小张。

补位原是足球运动战术术语，是比赛中集体防守的一种配合方法。在防守中当本队的队员被对手突破时，另一队员就前去封堵。补位是集体防守配合的基础。对于公司而言，领导和下属都是公司的员工，在工作上，领导有缺陷和遗漏时，下属应该像足球运动员一样去“封堵”。但是，“封堵”是要讲究方法的。

9.2 将领导交代的工作做到位

下属必须要在做好本职工作的前提下才能做职责范围以外的事情。

小卫是学中文专业的，毕业后应聘到一家私立学校。入校没多久，学校就对新生进行军训，因为小卫没有当班主任，所以就没有随学生到军训营地。但是，军训结束的前一天，小卫突然接到副校长的电话，说是正校长这次很重视学生的军训，要亲自参加学生军训闭幕式，听说小卫文笔好，就让小卫给正校长写明天军训结束大会上的演讲稿。

能得到副校长的亲自指示，小卫自然很高兴，连忙在网上找资料，又与在军训营地的老师联系，要他们提供学生的军训情况和准备表扬的学生名单，最后写成了一篇内容丰富的演讲稿。晚上，小卫仔细检查演讲稿后才休息。然而第二天早上八时，小卫又接到副校长的电话，说是正校长有事可能赶不到军训营地，闭幕式上将会由他发言，让她把演讲稿交给自己的司机。副校长虽然简单交代这件事，但是小卫却急了，因为自己写的演讲稿是以年青的校长的口气写的，如果给年老的副校长用肯定不合适。但学生军训闭幕式九点开始，如果重新写一篇，时间有些紧张。最后，小卫还是决定重新写一篇给副校长的演讲稿。当小卫抓紧时间赶完演讲稿交给副校长的司机时，听司机说正校长也有可能会到场，于是，为保险起见，小卫又让司机把昨晚写给正校长的稿子一起带上。副校长看到小卫准备了两份演讲稿，直夸小卫工作到位，两方面都想到了。那天，正校长也赶上学生军训闭幕式，知道是小卫帮自己写演讲稿后，就直接把小卫升为自己的助理。

公司的每个成员都有自己明确的工作范围和职责范围，你首先必须保证工作到位，做好自己的本职工作。同时，领导和下属之间的工作总是会有交叉的地方，这个时候，下属需要积极主动，多为领导承担一些责任和工作，细心地帮助领导把工作做到位，避免工作的空白区。

9.3 弥补领导的遗漏：展现你的真诚和责任心

有经验的老员工要不吝赐教。

在接到新工程的同时，老陈的领导也换了一位。新领导是一位风华正茂的年轻人。年轻的领导具有很强的专业知识，魄力十足，上进心也很强，敢说、敢做，但是，老陈发现年轻领导的不足之处是由于年轻而缺乏工作经验。

老陈注意到年轻的领导对许多工作的安排往往是按照与客户的合同和计划而定的，不能自己随意支配。这样就使领导的工作很忙碌，也很被动。公司的一些重要的质量会议和安全会议，领导总是抽不出时间参加。虽然项目的进度是在正常进行，但是工作中隐藏着一些安全隐患，因为领导不重视，下面的员工也忽略了。

看到这种情况，老陈凭借自己多年的工作经验，主动与新领导沟通，让年轻的领导意识到工作安全的重要性，并提出工作中存在的安全问题的整改措施。与老陈沟通后，明白道理的年轻领导抽出时间参加每周的安全会议，即使领导没有时间参加，也会安排老陈坚持每周都按时主持安全会议，让安全意识渗透到每一个员工的心中，从而有效地避免了工程中的潜在危险。

领导肯定会有工作经验不足的时候，也会有对工作考虑不周全的时候，作为下属，在发现存在的问题时，一定要及时帮助领导认识到自己工作缺位的现象，真诚地帮助领导补位，让那些有可能造成公司利益损失和不利领导形象的危险绕道而走。这种主动为领导弥补缺陷的精神是领导赞赏和需要的。

9.4 不要越位：事物总是存在着一个度

事情总有个度，不能好好地把握这个度，就可能造成麻烦。

小李是一家银行的行长助理，平常与领导的关系也非常好的。有一次，行长出去办事，三个多小时还没有回来。这时，有位客户来银行提一笔钱，当时他的银行账户已经没钱了，如果把他要提的两万元钱给他，就等于透支了。

作为行长助理的小李是没有资格批的，但这个人是公司的长期客户，而且客户说这笔钱有很急的用途，并且保证一个星期之后就会把钱补回来，小李想如果行长在的话，他应该会批，所以小李也就大胆地签字了。

出纳员给钱之前也提醒小李，按照银行的制度他是没权力这样做的，但是小李自信地拍拍他的肩膀说："不要怕，我负责，你给吧。"

两个小时之后行长回来了，小李就拿这张支票去见行长，还没等小李解释，行长就瞪着小李大声质问："谁给你的权力？谁告诉你可以在这上面签字的？"

对于领导交代的工作，一般的要求是我们应尽力做到位，而不是越位办事。一般公司的制度中都会有职责说明，但是很多时候，我们都会和小李一样明知故犯，凭借着自己与领导的友好关系和当时的特殊情况，头脑一热就忘记了自己的职责范围，破坏了整个公司的管理制度。

小李这种越位的做法会让客户认为以后签字的事不用找行长，找小李就行了。如果没有领导的授权，超越了管理权限会导致公司的整体权责不清。无论如何，该你管的事情，你一定要管住管好；不该你管的事情，则要根据实际情况，主动配合领导把事情处理好。特别是当领导不在场的时候，更要以公司利益为重，从健康有效的管理角度出发，切实做到补位而不越位。

第三章

思想上与领导统一，行动上与领导同步

如果我们深深地沉浸在对方的情绪状态中，对对方的心理感同身受，进而表达出自己对他的理解、关心、体贴和友爱，那么，对方就会积极回应你，对你产生好感。这就是“情境同一性”。

聚焦：合作关系需要的是默契，需要的是同步反应

小李是公司的新员工，也是公司职务最低的员工。

但是，从第一天进公司起他就发现，部分经理下班后还会继续在办公室里工作，于是小李就决定每天下班后也留下来。

虽然没有领导要求他这样做，但他坚持留下来，除了完成自己的工作外，在经理需要时，也为经理提供一些帮助。

经理经常需要找资料，打印文件，原来都是经理自己做，但发现小李也在办公室里后，就请小李代劳，没有多久，经理就重用了小李，让他做自己的助理。

小李作为公司新员工，能得到快速升迁，关键在于他善于观察领导，注意到领导的工作习惯后思考自己应该如何做。要使领导重用你，你肯定要付出比其他人多的努力。

小李不怕吃亏，他平时不仅出色地完成自己的工作，也帮助领导完成工作，最终获得了领导的信任，与领导建立了良好的合作关系。

上面的案例中小李正是因为读懂了领导的需求，再加上自己不懈的努力，才很快获得领导的信任，与领导建立了良好的互动合作关系。可现实中很多人怕吃亏，或者不懂得如何与领导建立起良好的合作关系。就此，本章将就以下问题进行深入而切合实际的探讨。

（1）作为员工，要注意读懂领导的哪些方面？

（2）与领导建立良好的关系，个人应该注意自己的哪些方面？

1. 与领导同步，体会领导的需求

每个领导都有自己不同的处事习惯和方法，以及独特的价值观，只有感知这些不同，才能真正做到与领导同步。

1.1 细心观察领导的工作习惯和工作方法

人跟人是不同的，领导跟领导也是不一样的，每个领导都会有自己独特的工作方式和处理事情的情绪模式，作为下属，细心观察自己的领导，注意领导的工作习惯和工作方法，从思想、行动上与领导达成一致，这是与领导展开良好合作的一个重要方面。

按我们的社会交往经验，我们知道，如果我们能进入这样的情境：自己深深地沉浸在对方的情绪状态中，自己完全能够感受到对方的心理感受，进而表达出自己对他的理解、关心、体贴和友爱，那么，对方就会积极回应我们，对我们产生好感。这就是心理学上的“情境同一性”原理。学习领导、跟上领导的步子，就是为了创造这样一种同一性，以便我们能够更有效地与领导产生双向回应，从而建立良好的合作关系。

1.2 观察领导的核心价值观

每个人都有自己的一套核心价值观，它是关于一些问题的一系列思想信念，构成了个人的内在思想基础。

核心价值观是非常固定的，它不会轻易改变。因此，当下属的某个言行令上司暴跳如雷时，很可能是不小心触犯到了领导的核心价值观。

核心价值观虽然是隐藏起来的，但只要下属平时认真观察领导的言行以及他对待其他同事的态度，再加上向同事们打听一下，就很容易找出领导的核心价值观所在。找出领导的核心价值观后，你就应该调整自己的工作态度和方法，配合领导的工作步调，只有这样，才能更有效地与领导建立起积极健康的工作关系。

贺佳是一个性格开朗得有些没心没肺的人。每天早晨，她都会为穿什么衣服和忘带东西手忙脚乱。而当她交上一份创意十足的策划方案，或者又搞定了一位难缠的客户时，同事们万万想不到这个外表秀美、充满工作激情的女孩居然经常在早晨穿错袜子。

由于业绩突出，贺佳被总经理提拔为公关经理，她的新上司就是市场总监刘宏，一个40多岁、性格沉稳、做事一丝不苟的男人。刘宏对贺佳的性格和才华也有所耳闻，他知道，这个女孩不是一个容易控制的下属。

贺佳上任之后，刘宏被她弄得颇为头疼。贺佳经常位居公司迟到榜榜首，每月为此被扣掉很多工资不说，若是刘宏早晨有事来找贺佳也经常见不到人。而且贺佳的办公桌乱得惊人，大有“横看成岭侧成峰，远近高低各不同”的架势，这让桌子上连一张多余的纸都没有的刘宏格外别扭。实在看不下去的时候，他会提醒贺佳，但每次贺佳点头答应下来后，桌面也就能整齐一天，第二天就又恢复一片混乱的状态。

贺佳从前的上司是一个性格随和的人，只要贺佳能够完成任务，他也就不多干涉细节问题。但刘宏却是一个对细节和流程格外重视的人，有时候贺佳为了拉到客户，会违反公司的操作流程，这时，刘宏总会毫不客气地批评她。

一天，贺佳又挨了刘宏一顿责骂，一脸苦恼地回到自己的座位上。“我跟以前的经理沟通的时候从来不会出现这种问题，也不会挨骂。难道我的大脑萎缩、智商降低了吗?”贺佳情绪有点低落。旁边一个工作年限比较长的同事连忙安慰她，同时也提醒她：“以前是以前，现在是现在。换了新的上司，你怎么能延续旧的工作方法呢?”

这一番话让贺佳一下子清醒了，随后在与刘宏沟通的时候，她开始有意识地调整自己的思路和方式。虽然马虎大意的毛病不可能一下子改过来，但在刘宏看来，贺佳的变化已经很大了。

从心理学的研究角度来来，每个人都是天生的自我中心者，都希望别人能够承认自己的价值，支持自己，接纳自己，喜欢自己。在与上司的交往中若想取得成功，就一定要摸清上司需要什么、喜欢什么，然后在合适的条件下满足他的需求，这就是人际交往的白金法则——别人希望你怎样对待他们，你就怎样对待他们。在与领导打交道的过程中，这个白金法则也在无时无刻地发挥着作用。

观察领导、了解领导的价值观是为了我们能更好地与领导相处，更有效地与领导建立起健康的工作关系。

2. 掌握领导的情绪处理模式，更好地完成沟通

领导在不同的情绪下处理问题的作风往往大相径庭，只有掌握好领导的情绪状态，才能选择更好的沟通方法。

2.1 避免撞上领导的情绪雷区

要是不小心撞上领导的坏情绪，那不是沟通的好时机。

到月底了，小张想把这个月的图书发行情况向自己的老板汇报一下，借此也向老板表明自己来公司一个月的功绩。想到自己这个月做得非常努力，工作业绩也不错，小张想在上午好好向老板汇报一下。不料，小张上午到公司却没见到老板，听同事说，老板下午会来，由于小张打算上午向老板汇报工作，就把自己与客户联系的工作都放到

了下午，所以小张没有等到老板回来就去忙自己的工作了，同时小张也不想下午向老板汇报工作，认为下午老板的工作多，汇报自己的工作会受别的同事打断，就坚持等到第二天上午才汇报。第二天上午，老板十点多才到公司，老板进办公室没多久，小张就敲门进去，不顾老板一脸倦容，就滔滔不绝地讲起自己准备好的内容。老板虽然一边应着，没有打断小张，但是当小张把一串来自客户的数据报给老板时，老板很烦躁地叫小张再说一遍，小张只好又重复一次这些数据，老板突然气冲冲地问张军："你怎么搞的，这个月才完成了三家客户？"小张知道老板听错了，自己说的三家客户是续货要求，正要向老板解释时，老板不耐烦地朝小张挥了挥手示意小张离开。

小张很不高兴地离开了老板的办公室，完全不知道自己错在哪里。下班时，小张充满怨气地和同事说起这事儿，同事说老板最近夜夜加班自己赶稿子，上午时一般不喜欢有人打扰他。

领导晚上熬夜后，第二天往往精神状态和心理状态都不太好，这时去向老板汇报工作肯定会遇到麻烦，案例中的老板一时反应不过来小张的话，非常生气，但是小张如果事前知道老板的情况，等到吃过午饭看到老板心情好时再去汇报交流，结果肯定不一样。

2.2 留意领导的情绪处理模式

心理学告诉我们，每个人都有固定的情绪处理模式，且每次发作时的过程都差不多。如果你平时注意领导的情绪反应，如什么事会让领导高兴，什么事会惹领导生气，什么事会让领导焦虑，什么事会给领导产生压力，同时观察当领导出现这些异常的情绪反应时，领导又是如何处理的，这样，慢慢地你就会掌握领导的情绪处理模式。以后一旦发现领导有非正常情绪反应，你就会知道该如何避开雷区，并且采取更好的沟通方式，以免不慎让双方的情绪都雪上加霜。

3. 用领导习惯的方式与领导交流

沟通专家们发现，我们每个人都有自己习惯的说话方式，所以很多时候我们与自己的领导沟通不顺畅，是因为我们只做到“沟”，没有达到“通”。

3.1 视觉型沟通

总结下来，领导说话一般有三种模式：视觉型模式、听觉型模式和感觉型模式。

视觉型说话者的说话速度快，呼吸急促，并常用视觉字汇，例如，“我看不出来……”等等。

● 与视觉型领导共处的方法：

如果你的领导是视觉型的沟通者，那他会喜欢阅读书面数据，所以跟他沟通工作事项时，光是口头说明效果不行，别忘了一定要准备一份书面汇报，好让领导能瞧个仔细。此外，加快你的说话速度来配合对方，也会提升你的沟通效率。

3.2 听觉型沟通

听觉型的人说话速度适中，温和而有节奏，喜欢用“听起来……”等字眼，例如，“这主意听起来不错”，或是“这听起来没啥特别的嘛”等等。

● 与听觉型领导共处的方法：

对于这样的领导，用口头简报的方式来与之沟通，效果最佳。

3.3 感觉型沟通

这种领导最看重个人的直觉判断，通常非常在意个人的行为、语言，比如坐姿、说话的表情等等。这样的领导，说话速度缓慢，呼吸深长，喜欢用“感觉”、“掌握”等字眼。

● 与感觉型领导共处的方法：

与感觉型的领导沟通时，情绪气氛的营造很重要，话要慢慢说，察言观色的功力也绝不可少。

3.4 读懂领导的身体语言

应对领导说话模式的同时，不妨多观察领导的身体语言，这对你掌握领导的心中所想会有帮助。下面这些情况仅供你参考：

动作1：你仍在说话，但他已经以背部向着你了。

意思：我要在没有受你影响的情况下考虑你提出的建议。（这时你应该语气放缓或暂时打住）

动作2：他一边跟你说话，一边快步向前走。

意思：我相信你能将这件事做好，现在不要问我问题了。（此时你可以转移话题）

动作3：把你请入他的办公室，然后关上房门。

意思：我现在跟你说的话要保密。（你的表情应庄重些）

动作4：你问他是否有时间听你汇报，他口头说有时间，但眼睛一直没离开手中的文件。

意思：简单的事情现在快说，重要的事情另约时间。（你的语言要简练，一两句话便触动他的兴奋点）

动作5：你汇报时，他看了一下手表或翻动桌上的文件。

意思：你汇报的事情太长，或他对汇报不感兴趣。（你需要站起身告辞，另择时间汇报）

4. 跟上领导的工作节奏，与领导的要求保持一致

企业内部对员工的一条重要要求就是建立一致性。建立一致性，就是在言论、意识和操作标准上与领导的要求保持一致。

4.1 与领导建立一致性

下属一定要注意与领导保持一致。

进入公司以来，王伟只知闷头干活，力争把自己的份内工作做到完美。但是，王伟总是得不到领导的赏识。有一次，王伟上午把自己的创意提案交上去，领导看也不看就摇头并打回来让王伟好好修改，下午下班之前再交上去。王伟心事重重地修改到下班也没改好，拖到第二天上午才交给领导，结果领导又打回来。

又有一次，领导指定王伟陪客户出去办事。回来后，领导询问了王伟很多细节，王伟回答后，领导什么也没说就走了。第二天，王伟发现领导对自己一直很严肃，但是王伟不知道自己哪里又做错了……因此，王伟每天上班一看见领导的眼神，心里就总是惴惴不安、如履薄冰。

有一次吃午饭时，王伟与领导面对面坐在了一起。领导主动对王伟说："小王啊，你平时的工作很卖力，很多关键的工作都交给你去做了。上次陪客户的事让你去办，你称呼客户为何不是总监而是经理呢？要知道我一直这样称呼的。事情做完了，你好像也没写个总结给我呀。工作之外有时间你也看看我写的方案，格式至少要一致。我呢，习惯下午思考问题，上午处理杂事……"那天领导说了很多王伟平时没有注意的事情。

如果领导叫你下午交方案你就要下午交，不要总是按自己的方式早上提交；如果领导总是以特定的方式说话，你最好是鹦鹉学舌，不要改口说成别的。

4.2 跟上领导的节奏，与领导一样工作

如果想要使自己能够更快速地进步和成长，就不只是要努力工作，还要像你的领导一样去工作。

看看领导的上下班时间，尽可能比领导来得早，走得晚；看看领导的加班态度，确保自己是自愿和感觉自然的；模仿领导跟客户谈判的模式与说辞，了解他们用了哪些技巧；学习领导处理工作的思路；观察领导是如何规划、设计和安排工作的；模拟领导遇到问题时，怎样利用资源解决问题……诸如此类，你都要尽可能地去观察，去分析，跟上领导的工作节奏。

5. 你应该更自信一些，更轻松一些

在与领导的合作中，首先要了解领导的个人特点，其次对一些基本的要求我们也需要尽力做到以下几个方面：

5.1 树立交往的自信

领导是否与你一样，有着与你建立良好关系的愿望？答案是肯定的。也许领导比你更迫切地感受到这种愿望。如果你怀疑这一点，一方面说明你过去的表现确实不尽如人意，包括没有让你自己满意；另一方面说明你已经失去了与领导建立良好关系的自信，从而产生了错误的判断。

在一项大约有 4 万人参与的“个性品质对人在交往过程的作用”的调查中发现，有 82.9% 的人愿意与具备优秀个性品质的人交往，并

显示最受欢迎的个性品质包括自信、真诚、信任、热情和克制。而在这5种优秀品质中，“自信”居于首位。由此可见，在人际交往中，自信至关重要。

有关人际交往的自信心训练，可以参考下面的方式：

● 永远坐前排：有关成功的一切都是显眼的。

坐在最前面能建立自信心吗？不妨把它当做一个规则试试看。从现在开始，参加任何形式的聚会、活动时，都尽量往前坐。当然，坐前面会比较显眼，要记住，有关成功的一切都是“显眼的”。

● 正视对方：遮遮掩掩会让人感觉虚伪和不信任。

人的眼神最能透露出他内心的不安。当你正视对方时，对方会感觉你诚实、内心坦荡；而当你的眼神闪烁不定，不敢正视对方时，对方会认为你是在刻意隐藏些什么，或是你在盘算着什么对他不利的事情。这样一来，对方就会下意识地排斥你，对你产生反感。因此，在与人交往时，一定要正视对方，包括与你的领导谈话的时候。

● 挺直腰板走路。

如果挺直腰板走路，人的身高能够增加3厘米。虽然数字看起来很小，但正是这微小的3厘米，却能左右一个人在他人眼中的形象。人们总是习惯性地认为高个子的人更有力量、有实力、有威严。

美国匹兹堡大学的心理学家曾经进行过一个有趣的追踪调查，他们发现，身高在185~190厘米的人起薪比身高在180厘米以下的人要高12.4%。为什么个子高的人会具有这么明显的优势呢？因为个子高的人在与人交流时，可以“俯视”对方。身高就是一种与生俱来的气势，而被俯视的人很容易产生畏惧心理。

由此可见，天生具有身高优势的人就应该好好地利用从父母那里遗传来的优点，给人以“强有力”的印象，而个子矮的人也并非永远处于劣势，除了在服饰上下点功夫，造成视觉上的“拉长”效果以外，更要注意绝不能驼背，否则看起来就更矮小、更软弱了。端正的姿态是一种有力的身体语言，我们可以借此充分地向领导展示自己的自信、威严，从而使他们更加重视你。

● 经常当众发言，并控制自己的语调。

无论我们参加什么性质的活动，都要尽可能地主动发言。不要担心这样做会遭受别人异样的眼光，因为只要你大声说出来，总会有人能理解、赞同你，并为你送来喝彩。

那么，什么样的声音才有助于职场沟通呢？在职场中，这样控制沟通的声调最合适：

● 声音明朗、沉着。

明朗、沉着、愉快的语调是最吸引人的，粗糙、浑浊的声音让人厌恶。女性说话的语调偏高，那就要多加练习，让自己的语调变得低沉一些。而男性说话的语调偏低，容易显得没有精神，应该适当地提高自己的声调。

● 吐字清晰。

吐字不清是沟通失败的一大原因。如果普通话不标准，满口方言，也会让人很反感，造成沟通的障碍。

● 语速疾缓适中。

与领导进行言语交流的时候，要注意根据实际情况选择合适的语速。一般来说，缓慢的语速能够清晰明确地阐明意见，但显得缺乏气势，而较快的语速更具有说服力，但过快的语速容易让对方难以理解。

● 音量大小适宜。

声若洪钟、中气十足都是形容一个人的声音洪亮、振作。确实，在与领导沟通的过程中，声音太小会给领导留下忸怩作态、不够自信的印象；而过大的声音会变成震耳欲聋的噪音。因此，最合适的音量就是两个人在一起能够听到彼此的声音。

在沟通的过程中恰当自然地转换声调也是自信的一种表现。

5.2 善用积极的心理暗示

如果你确实存在着与领导交往的心理障碍，并因此给你的工作带来很多困扰，你必然会面临着高度的心理压力。如果不积极改善，会进一步让你走向恶性循环之中。改变这种方式的有效途径是进行积极的心理暗示，并由此创造平和的心境，从而达到调整行为的目的。

下面这些方法就是积极心理暗示法：

● 语言性暗示——时刻运用积极的内心独白。

利用内部语言，即内心独白对自己进行暗示。这种性质的自我暗示，常与自己所扮演的社会角色相关。

● 睡眠性暗示——消除身心疲劳，改善心境。

相信睡眠能使人消除疲劳、改善心境、恢复精神和体力，从而利用睡眠休息对自己进行暗示。例如，“我只要睡一会就好了”、“好好睡一觉，第二天就什么事都没有了”。

● 动作性暗示——表达自己的内在意愿。

许多人都认为散步、做气功能使身体复原，于是便抱着极大的希望去从事这些活动。这就是意愿性动作，即用自认为有助于疾病康复的动作对自己进行暗示。

● 情景性暗示——创造愉快的情景，调节身心。

创造足以引起积极情绪的情景对自己进行暗示，如认为优美的风景、空气清新的环境能陶冶自己的心情，有利于疾病的康复，于是许多人都去旅游。

积极的自我暗示是一种高明的心理传递技巧，熟练掌握并运用它，能让你在与领导的交往过程中非常有效地改善自己的不良心理反应，更有效地调动起自己应对各种情况的心理能量。

6. 忘记不快，与领导愉快相处

在与领导相处的过程中难免会发生不愉快，为了更好地建设维护良好的上下级关系，需要我们自己设定一个和平的相处模式。

6.1 为你们的合作关系画一个图式

假设我们在执行一项任务时有两种情况：一种情况是我们清晰地知道最终要完成的这项任务是一个什么样的状态，比如当我们设计一份广告宣传册时头脑中已经有了一幅形象的“完稿”；而另一种情况是我自己也搞不清楚自己想要什么东西。那么请问，哪种情况更加有利于产生最好的结果？答案当然是第一种。这是我们每个人都会有的心理体会——心理学上称之为“自我意象”——一种指导个人行动的目标构图，而且通常发生在潜意识层面。自我意象可以通过主动的想象来完成。

6.2 用想象感受愉悦体验

现在，请你静下心来，忘记所有的烦恼，忘记曾经发生在你与领导之间的所有问题以及你的所有顾忌，按照下面的步骤展开你的想象力：

第一步：关于愉悦——你认为怎样的关系会让你愉悦？

第二步：在愉悦的交往中，你是一种怎样的心境？

第三步：在愉悦的交往中，你通常是怎样沟通和交往的，你会怎样行动，能描述一个具体的画面吗？

第三步：在愉悦的交往中，如果也有分歧发生，你会怎样处理？

第四步：我为什么现在不去这样做呢？如果这样做了，是不是更好？

以上所有的练习都需要去除干扰，你不需要听信任何人的话，不需要记住任何过去的经验，也不需要受过去不快乐的记忆的干扰，只需要完全进入到一个愉悦的画面中，这个画面越清晰，你就会越明白你该努力去行动——而且几乎毋庸置疑的是，它通常都能够带领你走向成功。

6.3 学会遗忘，保持平和与快乐

遗忘会让我们的生活变得更加美好。如果我们总是记着过去的不愉快，那么不愉快的记忆会让人喘不过气来。加尼福尼亚大学洛杉矶分校精神病专家华金·富斯特曾说："幸福就是健康、富有加上坏记性。"他们的一项主要工作，就是研究专门的药物限制不愉快记忆对人的影响。

有的员工在受到上司的批评后回到办公室就对同事和下属乱发脾气，回到家里就对家人发泄怒气，这样不但毁掉了和谐的人际关系，更破坏了美满的家庭气氛。之所以对批评产生这么大的反应，是因为他们受到一两次批评就沮丧地认为"我没有前途了"、"一切都完蛋了"。其实，除了个别怀有偏见的上司之外，大部分的上司即使批评员工也只是针对员工在工作中所犯的错误，而不是针对员工的人格。

上司批评下属的本意是通过批评让员工认识到自己的错误，避免下次再犯，而不是认为你什么都不行。如果受到一两次批评就一蹶不振，只会让上司更加看不起你。

现在，我们按下面的步骤来做一个简单的试验，以便增加你对"遗忘"的领会。

（1）把发生在三年内所有不愉快的记忆找出来，简短标注在下面。

（2）再想想，还有哪些是你忘记了的，你肯定遗漏了一些。

（3）哪些不愉快的记忆是你费了很大精力想出来的？这件事到今天，对你产生了什么不利的影响吗？

当客观地评估上面的问题后，大部分人都会发现，当时的不愉快很快就会忘记，而过去担心的某些事情也从来没有在现实中发生过。人总是活在自我想象的恐惧和不安中，这一点早已被心理学的相关研究所证实。明白这个道理，是你保持平和与快乐的信念来源。

6.4 运用共鸣技巧为你们的关系润色

我们除了需要保持一个平和的心境外，显然还需要积极地面对分歧和各种各样的矛盾。客观地说，保持一个平和的心境已经让你成功了一半，剩下的部分更多的是促使事情朝更有利的方向发展。在这里，我们主要进行一下沟通话术规则的训练。下面是一些关键的语言规则，已作了示例，你可以参考这些示例，列举出对应的情景，以便更准确地把握它。

第一种方式：先表示理解，然后再确认（同时可进行合理转换）。例如，您的意思我听明白了，对您的意见，我可以这样理解吗？

第二种方式：先表示共鸣，然后再转换。例如，我非常赞同您的意见，您看我是否可以做一个理解性补充？

第三种方式：先抹消分歧，然后讨论实质问题。例如，听完您的话，我个人感觉我们之间没有分歧，接下来可能就是一些具体问题的操作了……

第四种方式：先表示感谢，然后讨论实质问题。例如，您能关注到这个问题真是太好了，您的指导正好弥补了我在这个问题上的困惑……您看，我这样理解对不对？

以上所列是工作中处理分歧意见而又保持良好沟通氛围的典型对话方式，每一种都能够随时随地灵活地运用在你与领导的交往中。熟练地运用它们，将为你与领导的关系增色不少。

7. 你的性格特征，可能阻碍你与领导的合作

大多数下属对自己领导的了解很有限，虽然私下里几个人总是谈论某个领导的情况，但这些一般只是一个笼统的外在印象，并不是对领导内在秉性的真正了解。不同的领导有不同的秉性，就会表现出不同的领导风格。

7.1　与领导的性格达成平衡

“趣味相投”的现象在职业生活中是常见的，它有利于促进我们与领导之间的合作关系。

广告策划方云是一个非常细致的人，工作认真负责，深得领导喜爱。但她最近被手下的文案李度弄得很郁闷。

一天，方云要求李度整理一份客户提供的数据表。李度倒是很快地交上了数据表，但方云刚看了一眼就看不下去了，直接把刚走开的李度叫了回来。

李度纳闷上司怎么这么快就把自己叫了回来，方云也不急着说原因，只是把李度拉到自己的电脑屏幕跟前，用手指着表格中的一个数据问：“怎么年度金额比月度金额还低?”

“哎呀！我把公式输错了！”李度一拍脑门，恍然大悟，“我这就去改。”

像这样的事情还发生过好几次。有一次，方云要求李度制作一个宣传册。由于制作中途客户又加了一些资料进来，所以宣传册的页码就有所增加。方云见李度的排版工作快要做好了，便问了一句：“现在这个宣传册有多少页?”

“我不知道。”李度埋头于屏幕，一手握着鼠标，一手快速敲打键

盘，想都没想就回答。

“那你知道自己姓什么吗？”这一刻，方云很想问李度这个问题，但想了想还是忍住了怒气。

有同样烦恼的中层管理者还有行政经理张妍。张妍是一个踏踏实实的人，工作起来一丝不苟，经常加班。她对自己手下的前台赵泉的不满已经不是一天两天了。

赵泉年纪不大，长相甜美。前台的工作除了接待客人、转接电话、帮助领导和同事办一些事情之外，就是将每个月统计员工考勤、办公室花费等数据汇报给张妍。赵泉是一个热情的员工，在对待同事上没有问题，但做事总有些浮躁，对数据统计的工作总是很敷衍。每天也从不提前开始工作，到了下班时间就没了人影。张妍觉得，赵泉对自己布置的工作并不上心，但对总经理等其他领导倒是格外殷勤。最后，张妍还是找了个借口辞退了赵泉。

从上面的两个案例中我们不难看出，就是上司和下属的性格不和导致双方的沟通与合作出现了难以逾越的障碍。方云对李度的粗线条和不细心感到愤怒，赵泉热衷于人际交往却被上司张妍视为“工于心计”。心理学告诉我们，人的性格具有复杂性和多样性，每个人在对待相同的事情时，由于受到环境影响，尤其是个人因素的影响，会产生截然不同的结果。

在领导与下属的关系中，有时候领导会受下属性格的影响，比如说为了激励下属用自己的方式解决问题，使自己的性格和下属趋向一致。但是，即使这样，下属也必须明白自己从属于领导，而企业里要有一个导向，因而要主动地适应领导的性格和管理方式，而不是让领导适应自己。

几年前，贺明是一个脾气急躁的人，他当时在一家媒体做事，经常会和脾气同样急躁的领导发生冲突。尽管在当时的环境下，这种冲突并未对贺明的发展空间造成不良的影响，但后来在一次和领导的聊天对话中，领导坦诚地告诫贺明，要想有更好的晋升，贺明必须要改掉自己急躁的脾气，因为他并不喜欢贺明这样的下属。在他恼火时，他希望对方能安静，并让自己也安静下来，快速恢复理智，而不是怒气冲冲地和对方对质。还说如果当时是他亲自招聘贺明，就不会给贺明这个工作机会。

用自己的硬脾气去顶撞领导的硬脾气，双方的心情都会不好，显然会影响到与领导的合作。像贺明这样的运气，并不是每个人都会碰到。对于我们要共同处事的领导，我们需要对他的脾气有一个基本的了解。这可以说是一项非常重要的工作内容，因为大多数情况下，如果我们对领导的脾气有一个基本的判断，就可以采取正确的方式达到与领导愉快合作的目的。

7.2 建立个人品牌，赢得领导的认可

下面这个案例就体现出了个人品牌的力量。

年初公司采取多项改革措施，人事部也进行大片调换，李经理一下子变成了副经理，因为公司老板从外面招聘来一位经理，新来的经理为了巩固自己的地位，又从外面招聘为自己干活的人，同时新来的经理在公司里召集了一部分人，号召大家罢免李经理，并多次寻找借口对老员工进行罚款，逼迫其摆明立场。

危急关头，李经理显得非常冷静。他先是找到刘副总，以私人身份与其在当年曾经聚会过的小酒馆叙旧，试探刘副总的想法。刘副总劝李经理不要着急，以大局为重，老板还没有最后下决心。耳热酒酣之际，为人敦厚的刘副总表示大力支持李经理，并对新来的领导表示

强烈不满，认为其傲慢、拉帮派而且瞎指挥。

于是，李经理联合老员工集体上书老板，要求罢免新经理，并列举了其不胜职的罪状。周例会上刘副总也一改往日言简意赅的作风，严厉批评以新经理为核心的部门业绩太差，内部管理混乱，奖罚有失公允。

果然不久，老板宣布开除新经理，仍由李经理担任人事部经理。

从以上案例中可以看出李经理能复位，起决定作用的不是他自己和老员工，上司刘副总在关键时候鼎力支持，才让老板下定决心扭转局面。刘副总关键时刻为何会保李经理？那是因为李经理平时建立起了良好的个人品牌效应。这种个人品牌效应给领导一种印象：我们需要你这样的人。

现在，很多公司在做“继任者发展计划”，在公司内部建立一个高潜力的人才储备库，为今后公司高层管理人员的继任者计划做好准备。而提供这些人才的大部分是公司内部部门领导。

如果你所在的公司要做潜在的高层管理人员储备库，储备库里的人将会是与领导合作的备选人。那么你就要在平时建立自己的个人品牌，赢得所有或是大多数部门的领导的认可和提名。

8. 对不同性格的领导，采用不同的合作方法

性格是很难改变的东西，领导的性格都是多年养成的，不会轻易改变。但是，领导的性格在管理过程中会不时地体现出来，时刻影响着你们的合作。所以，作为下属，需要掌握一些技巧去应对。

8.1 与暴躁型领导的合作方法

与暴躁型的领导合作是许多员工的梦魇，这种领导往往工作能力

出众，所以对业绩一般的员工缺乏宽容。而且他们等级观念分明，不会体谅下属，只要下属犯了一点错误，立刻会遭到一顿斥责，甚至还会当着其他同事的面痛斥下属，丝毫不留情面。

销售总监周逊是办公室最大的噪音来源。在他的办公室中，时不时会传来撕文件、摔杯子、跺地板的声音，接下来往往便是一顿暴风骤雨般的痛骂。这样的戏几乎每天都会上演，周逊的部下们每天都战战兢兢，生怕一不小心又引起“火山爆发”。

每个月第一周的周一是区域经理们向周逊汇报的日子，只见办公室中一顿痛骂过后，东区经理脸色惨白地走了出来，把材料放在桌子上，转身去了洗手间。看得出来，这个平静的表情是她全力控制的结果。

“不是吧？东区这个月的销量增长那么高还要挨骂？那我们这几个增长率不高的区域经理还不得被他吃了？”几个经理顿时人人自危。

应对这种领导，我们要有自信，尽量不要让他的怒火影响我们的情绪。下属可以这样想：“这就是他的脾气，其实领导并不是只对我一个人这样。”如此退一步想，心态就会平和很多。领导发怒的时候，千万不能因此冲动起来，与领导对峙。下属只要冷静、委婉地应对，暴躁的领导就会逐渐理性起来。

8.2 与自负型领导的合作方法

自负型性格的领导总是认定自己永远都是对的，所有人都只能赞成他的观点。在沟通的过程中，他更注重自己的观点，而不是下属的意见。

广告部的经理辞职后，公司没有从外部招聘，而是委任销售部的一位区域经理担任广告部经理。这位经理虽然是学广告出身的，但毕业后一直都做销售工作，对于广告业务了解不多。这让做了很多年广告投放工作的任跃颇感不快。因为无论任跃向这位经理汇报什么情况，得到的答复总是这几句：

“这个杂志的水平不行啊，他们的发行量太低了吧?”

“这个广告的设计不够大气，让设计部换一个方案。”

“给对方的费用太低，人家能好好做吗?”

为了证明自己的“明智”，新经理总是给任跃挑错，而任跃那些“错误”最后都被证明是可行的方案。有时候，任跃不得不坐在上司的办公室中恭敬地聆听长达几小时的教诲。疲惫地走出经理办公室后，任跃恨不得自己双耳失聪。

自负型的领导虽然令人气结，但也不是不能对付。下属只需要在他滔滔不绝的时候换上一副严肃认真的表情，并且连连点头附和，就能满足他的自负心理。如果你的领导不承认自己是错的，也不要和他争吵，因为他也许会视你的争议为威胁。而很多时候，一个方案最后的决策人并非这位领导。

8.3 与懒惰型领导的合作方法

与懒惰型的领导合作要讲究策略。请看下面的例子。

张琴新加入行政部时，行政经理王艺和蔼地迎接了她，这让被上一个领导的坏脾气折磨得几近崩溃的张琴颇为欣慰，她暗下决心，一定要在这个岗位上做出成绩来。

但时间一久，王艺的懒散和随意就让张琴无所适从。基本上，王艺都是每个月要向上级汇报的时候才过问一下行政报告的情况，剩下的时间就在网上浏览新闻和购物。

“王姐，您知道去年圣诞节时公司摆的圣诞树放在哪儿了吗?”

“我也忘了，你打电话问库房吧。你看这个新闻，昨天晚上我家那边有一座大楼着火了，据说死了一个消防员，真可怕。”

自己的领导好不容易才开了尊口，却全都是花边新闻和公司八卦，没给自己提供多少有用的工作资讯。三个月来，张琴没有从自己的上司那里得到什么帮助和教导，许多业务若不是询问其他部门的同事，根本就无法开展。

也许这种懒惰型的上司生性如此，他们不用花费太多时间就可以做好自己的业务，剩下的时间宁可在网上闲逛也不愿意教导下属。这种上司或者刚被贬职，或者即将离职，所以无心工作。对于前一种类型的上司，下属可以技巧性地提问，提高上司对工作的参与感。例如：

“您对这个计划看法如何？虽然花费相对大一些，但之后的收效会更大。”

“这次员工联欢活动要不要加上这样一个游戏环节呢？一定能让气氛活跃起来。”

“材料我已经做完了，在交给总经理之前，您能先帮我检查一下有什么需要补充的吗?”

但如果你的领导属于后一种情况，那么你最好别对他抱太大的希望，而是努力提高自己的实力，争取找一个更强有力的靠山。

8.4 与阴谋型领导的合作方法

工作中我们也会碰到各种笑面虎。请看下面的例子。

“你去撰写一份邮件发给商业客户部，内容概要都写在这上面了，写完以后交给我看一下。”莉亚给下属林晓亮布置了一个新任务。林晓亮离开办公室之前，莉亚又嘱咐了一句：“这份邮件不难写，先打印出来尽快交给我，我修改一下再发。另外，这件事一定要保密。”

邮件草稿写好之后，林晓亮打印出来交给了莉亚。莉亚简单地看了一下，稍微修改了一些词语，就让林晓亮发送了。之后，莉亚又让林晓亮把邮件的内容概要和草稿拿过来，当场扔进了碎纸机。

几天后，林晓亮发的邮件惹了祸。商业客户部的总监看到邮件之后气得不行。林晓亮这才知道自己被上司当“枪”使了，却有苦说不出——因为莉亚布置工作的时候根本没用电子邮件，而且把相关的证据都毁了。若不是以前自己工作还算出色，保不准就被开除了。此后，林晓亮开始处处提防着上司莉亚。

这种笑面虎一样的“阴谋型”上司具有很高的危险性，他通常都拥有和蔼的微笑和得体的举止，但当你掉进陷阱时，你会发现他在坑边看着你笑。表面上看来，他是每个下属的好朋友，善解人意又体贴，你若是对他说出心里话，他转头就会添油加醋地散播出去，挑拨你与其他同事的关系。

对于这种阴险的上司，绝对不能让他踩着你的肩膀向上晋升。下属一定要团结其他同事，将上司告诉你的事情和同事们反复核对，不要轻易相信他，以免被上司当“枪”使而浑然不觉。

对于上司的性格类型，下属必须做到心中有数。只有了解上司的性格习惯、处事作风，才能对症下药，在与上司的相处中做到游刃有余。

第四章

面对分歧，要多一些成熟和理性

人类在认识外界事物时，总是会产生喜与悲、乐与苦、爱与恨等主观体验。很多人对自己已经处于一种不良的情绪状态一无所知，结果不仅影响了自己与领导、同事的关系，甚至还影响到自己家庭的和睦与幸福。

聚焦：终结自己职业生涯的分歧

杨某是一家民营企业的高级技术专家，在自己所从事的行业已经有了十几年的丰富经验，平时主要负责公司产品的研发和检测工作。

目前该公司正准备花巨资投产一个新项目，但从杨某自己的专业角度来看，这个新项目没有多大发展前途。因为杨某了解到已有更加成熟的技术在发展中，预计再过两三年就可以投入实际应用，因而认为现在投资这个项目并不是好的时机。

作为公司的技术专家，杨某向公司领导直言了自己的看法。但老板看到其他公司做类似项目的都盈利丰厚，因此坚持认为这个项目有利可图，并让杨某负责在新项目启动的高层会议上向各分部门领导讲解新项目在技术方面的特点和优势。杨某是一个责任心较强又比较较真的人，这让他感到为难。

到了开会那天，杨某开始讲解新项目技术方面的特点，但讲到优势时，杨某却在会议上直言新项目技术上的优势极为短暂，因为已有更完善的技术正在迅速发展中。老板听罢此言，大为光火，当即打断杨某，并当着很多人的面指责杨某技术不精，而且根本不懂市场。

没多久杨某离开了这家公司……

上面这个案例中，杨某面对与领导的分歧，坚持了自己的正确看法，但最后受伤害的却是自己。我们到底应该如何理解和看待与领导之间的分歧呢？就这个方面，本章将讨论以下几个问题：

（1）面对与领导的分歧我们应该持怎样的态度？

(2) **导致分歧的误区有哪些?**

(3) **怎样看待与领导之间的分歧?**

1. 承认分歧的合理性

天下没有十全十美的工作，也没有十全十美的上司。我们都期望有理想的工作环境，公司的企业文化开明而向上，上司也很好相处，但这种完美的情形永远不会在现实中发生，因为完美本来就是一种美好的幻想。理想主义固然有乐观的色彩，但在与上司的沟通和相处的过程中，我们必须从现实的角度出发。

1.1 分歧与矛盾是沟通中的常态

分歧在与领导的合作中是经常出现的。

下属陆琪自从到公司面试以来，就跟上司严郁很“不对付”。在筛选简历的过程中，陆琪的简历本来就没被严郁看上眼。出身于艺术世家、毕业于清华美院研究生院的严郁本来就对毕业于三流学校而且还是半路出家的人很是鄙视，但严郁的上司也就是公司总经理在看过陆琪的作品和获得的奖项后，强烈要求面试陆琪。在面试的过程中，严郁给陆琪提了很多刁钻的问题，但都被陆琪精明地化解了。一番面试下来，严郁不仅没抓到陆琪在专业上的弱点，反而被陆琪一顿抢白。面试之后，严郁本来不想要陆琪，但自己也没有站得住脚的理由，而且总经理对陆琪大加赞赏，严郁也只好把陆琪安排在自己的部门中。

在工作中，陆琪的思路总是与严郁发生矛盾，再加上两个人个性都很强，话不投机半句多，往往是没说几句两人就吵了起来。渐渐地，严郁就不愿意给陆琪布置更多的工作了。

两个人矛盾彻底爆发的导火索是年底总结会。在总结会之前，陆琪认真地写了一份总结，在会议中总结完毕后，因为陆琪的总结确实很精彩，所以同事们都鼓起了掌，只有严郁没有鼓掌，她还狠狠地瞪了一眼旁边鼓掌的下属们，厉声说道："鼓什么掌？难道你们觉得她写得很好吗？"

大家都知道严郁的脾气，立刻安静了下来。严郁批评了陆琪的总结和一整年的工作情况，话越说越重，陆琪再也坐不住了，开始与严郁针锋相对地争论起来。最后，连在会议室中旁听的总经理都听不下去了，赶紧出来打圆场，这才平息了一场战事。

随后，陆琪彻底被严郁"冷冻"了起来，没有任何工作分配给她。在无所事事地闲了两个月之后，陆琪向严郁递交了辞呈，而严郁显然对此等待已久，接过陆琪的辞呈，严郁看都没看就签了字。

一开始，陆琪和严郁的矛盾只是背景和思路上的矛盾，并非不可调和。虽然上司严郁对下属陆琪一开始的印象并不好，但这些都可以在工作中磨合、弥补。虽然严郁的行为也不妥当，但陆琪错就错在没有收敛自己的个性，处处与上司对着干，最后影响了自己的工作和前途，浪费了自己的才能，实在令人扼腕叹息。

1.2 调整心态，勇敢面对矛盾和分歧

在与领导沟通接触的过程中，矛盾和分歧是时刻存在的。矛盾和分歧并不可怕，但如果原本很小的矛盾和分歧没有得到及时、有效的解决，很有可能会影响我们的工作效果以及整个团队的凝聚力。所以，我们一定要调整好自己的心态，以勇气和毅力去面对沟通中的矛盾和分歧。

1.3 一味隐忍不是解决矛盾的良方

冲突在所难免，有人际交往，就可能产生人际冲突。冲突是一种

常态，但未必是一件坏事。擅于解决冲突的人会变不利为有利，利用冲突，深入分析工作中可能存在的不足和矛盾，增进与上司之间的了解和感情，改进自己与上司的相处模式，从而收获出乎意料的结果。而有的下属不善于处理与上司之间的矛盾，要么一忍再忍，一味回避，这种态度同样有失偏颇。

一般来讲，遇事能不能忍，是考验人的胸怀与涵养的方法，但是，采取忍耐的方式并非长久之计，也不利于我们与上司关系的良性发展。如果长期采取妥协退让、委曲求全的方法，不仅让自己的情绪受到压抑和打击，也无法使上司真正地认识到问题所在。

1.4 心平气和，主动沟通

在解决矛盾的过程中，首先是要心平气和，其次还要下属主动沟通。如果情绪焦虑不安，就难以达到理想的沟通效果。在与上司沟通的时候必须保持冷静，在寻求反馈信息之前，务必多花一些时间对自己的情况进行反思，以积极的态度面对冲突。

消除我们与上司之间的隔阂是非常有必要的。如果冲突的原因在我们身上，一定要拿出积极认错的勇气，找出造成自己与上司分歧的根本原因，向上司诚恳地检讨自己的缺点和不足。若问题出在上司身上，仍有必要与上司单独沟通。很多人忽视了这一点，而想当然地认为上司肯定会认识到他自己的问题，实际上，这是在问题面前无动于衷的消极做法。作为下属，努力消除与上司的误解与矛盾，是你的责任，也是你的权力。如果希望与上司的关系健康、和谐，就一定要让他明白自己的缺点和改进的方式。

1.5 不要和同事诉苦

向同事诉苦其实无济于事，因为平级的同事根本没有办法替你们做裁决，顶多是对你致以一些同情罢了。如果错误在上司，同事也不好表态，如果错误在你，碍于情面，他更不好意思批评你。最糟糕的莫过于有些居心不良的同事会把你的话添油加醋地报告上司，这样就会加深你与上司之间的裂痕，让上司对你的印象更差。

所有问题的根源都是我们自己，最好由我们自己理清问题的症结，找出合适的解决方案，不给“办公室小人”任何可乘之机。

1.6 不因个人恩怨耽误工作

一旦得罪了上司，他可能从此就对你抱有成见，说不定什么时候就给你“穿小鞋”。面对这种局面，你可能感到很不好受，但是不管怎样，切不可以此为由消极怠工，对工作敷衍了事。作为下属，你必须清楚，你是为自己工作，不是为上司工作，可以不与上司建立私交，但不能不管工作，否则上司很有可能以此为由向你兴师问罪。

既然与上司的矛盾一时无法化解，不妨面对现实，一方面耐心等待，防止矛盾进一步激化。另一方面，加倍认真地做好本职工作，日久见人心，上司也会逐渐改变对你的看法。

1.7 请第三人居中调解

作为一个办公室的“小字辈”，我们既没有势力也没有权力，人微言轻，如果尽了很大的努力也无法改变上司对你的态度，那么就要考虑寻找外援的帮助。例如，请一位公司里与你私人关系较好的其他领导或者比较资深的同事作为中间人，这比我们直接进行沟通的效果好得多。如果这个方法还不奏效，不妨请上司的上司出面化解。但是，这种“越级汇报”是无可奈何的下策，不要轻易使用。

2. 别被偏见左右，用建设性态度面对分歧

当分歧出现的时候，我们就要用积极的态度面对这些分歧，而不

要被偏见左右，将矛盾激化。

2.1 不要消极对待与领导的分歧

在领导的相处中，矛盾和分歧是时刻存在的。

王杰学的是交通运输管理专业，偏重海运和物流管理，在一个大中型的德资贸易公司工作，负责运输和发货计划。王杰是本科毕业，领导给他安排的很多工作，王杰认为专科和高中生都能做到，但是，王杰没有轻视他的工作，仍然工作很勤奋。

一次在安排物流供应商方面，王杰与领导发生了分歧，王杰完全按照领导的意思安排物流供应商，但是这家物流供应商发生运输事故，领导就在收到自己领导的指责后，找王杰谈话，说问题是出在王杰身上。

王杰受领导的指责很窝火，觉得自己完全按照领导的意思做了，出了事领导就把责任强加到他头上，这很不公平，觉得自己根本没有错，并且企业的物流供应商完全是由上面的领导自己决定，他一个普通职员根本无法做决定，越这样想，王杰的心理就越多一些负面的情绪，就越不想再在公司呆下去，最后以自己的工资太少为由辞职离开公司。

矛盾和分歧并不可怕，可怕的是如果这些原本很小的矛盾和分歧，不能得到及时有效解决，将会影响个人的整个工作甚至影响团队的战斗力和凝聚力。所以，要调整好自己的心态去面对这些矛盾。像案例中的王杰一样，因为与领导的分歧就放弃工作是最消极的做法，也是最不应该出现的。

这样的做法通常意味着自己胸无雅量，遭受一点挫折就放弃，职业素质本身也不过关，因而难成大器。

2.2　打破偏见，认清自己

作为下属，你是不是总觉得上司对某些同事比较好，对你却比较严厉、苛刻？在大声斥责“上司真偏心”之前不妨思考一下，其实上司的“偏心”大多是无心的。觉得上司偏心，只是由于上司与下属考虑问题的角度和做事方法不同，因而产生了相处和理解的差异。试想一下，做事按部就班、谨慎细致的下属和重视结果和效率的主管，就容易产生互不欣赏的结果。

新上任的区域经理孙建在前几天的会议中询问了各个小区经理后，便开始着手制定第四季度的销售方案。过了几天，终于将方案敲定，便用邮件将新方案发给了各个小区经理。

李凯正在外地出差拜访客户，晚上回到宾馆打开电脑邮件时，差点没背过气去。在会议中他已经提到了预算费用不足以及指标过高的问题，没想到在新方案中，自己负责的区域预算费用一分钱也没增加，指标反倒增长了30%。再看看其他同事的情况，李凯更是气不打一处来，同事罗薇负责的区域比自己的区域小很多，但预算金额居然和自己同样多，而指标的增长要求也比自己低，真是令人气结。关掉电脑，李凯躺到床上，却久久不能入睡。

由于怀着心事，李凯在与客户沟通的时候有点心不在焉，草草地结束了谈话，中午过后，李凯立刻订机票赶回公司。赶到公司的时候，上司孙建还没下班，李凯敲门进到孙建的办公室中，简单地汇报了一下与客户见面的情况，便把自己的委屈道了出来：“孙经理，我这个区的指标实在是太高了，相关的支持也不足，我希望您能够调整一下这次的指标，请您考虑一下。”

“我不太想和你谈论指标的问题，上个季度你的指标增长率不也差不多这个数字吗？那时候你是怎么做到的，现在还怎么做就是。”孙建看了一下电脑屏幕，转过身来对李凯说。

“孙经理您是不知道，当初公司产品的销售量下滑，秦经理要求我这个小区多背一些指标，我一拍胸脯就答应了，结果我回去以后差点被手下的员工骂死，他们都管我叫‘黄世仁’，这种神气一天晦气九十九天的事儿我再也不干了。”李凯回忆起上个季度的经历，依然心有余悸。

“但是，我给你和罗薇的小区都加了指标，给你减了以后，我也要给她减指标吗?”孙建有点不悦地反问道。

李凯没有察觉到上司的情绪变化，仍然自顾自地抱怨道：“我刚想跟您说罗薇的事儿，以前秦经理在任的时候，在预算和市场资源上就很偏向罗薇，她靠着和市场部的关系，把我的市场资源都吃掉了好大一部分。这次您给她的指标和预算也太偏心了。”由于情绪激动，李凯丝毫没有考虑措辞，直接把自己的想法说了出来。

听到“偏心”这个词，孙建的脸色有点难看。“我没有偏心，我给你和罗薇分配的指标是符合比例的。罗薇能够争取到市场部的资源支持，那是她自己的本事，和我没有关系。如果你不服气，你也可以去争取。她可以做到，你为什么做不到?”孙建的语气强硬了起来。

正如上面的案例中所说的那样，李凯觉得上司孙建在任务指标和资源上都太偏向同事罗薇，实际上孙建是按照每个小区经理负责的区域情况和历史状态分配任务的，而且他认为，市场资源就是要靠每个经理自己争取，所以双方才产生了矛盾。说到底，造成这种矛盾的根本原因并不是由于上司“偏心”，而是由于下属自己的心理偏见所致。

2.3　全面观察，消除刻板印象

在职业生活中，很多下属并不深入地观察领导的言行举止，而仅仅凭借领导的片言只语和表面行为就将其归类，这就是心理学中的

“刻板原理”现象。刻板效应是造成偏见的重要原因。这种刻板印象源自于下属的思维定势，以先入为主的心态造成以偏概全的看法，会导致我们与领导交往与合作的失败。

在与领导交往的过程中，我们要以“眼见之实”核实“偏见之辞”，因为道听途说的信息未必都是真实的信息。在与领导交往的过程中，在事先听到他人的评价时，应换个角度，寻找与刻板印象不一致的信息，不要被他人的意见左右；多个角度思考问题，不要被已有的框架限制，扩大并发散思维，培养变通能力，尤其不要被肤浅的表面印象所迷惑。

2.4 主动沟通，化解偏见

一旦下属产生了“上司偏心”的偏见，就势必会影响团队的工作士气，无法抓住工作与绩效的标准，甚至因此丧失信心，让上司感到寒心，造成恶性循环。为了避免因为无意的偏心造成伤害，下属要主动与上司沟通，了解上司的期待。但是，沟通过程中绝不能以上司的偏心与否作为沟通的主题，例如：

“领导，我觉得您对我不公平，您为什么对×××那么偏心？”

听到这样的“控诉”，领导心里也在喊冤：

“什么？我已经对你们够公平的了！你为什么会这样认为？”

这样的质问不仅会让上司产生抗拒心理，甚至还会遭到一顿斥责。

在发现上司与自己在工作方法、结果导向上有差异时，下属就应该主动出击，发动攻势，把沟通的重点集中在上司对自己工作的期望上。例如：

“您觉得我现在的工作还有什么地方可以改进？”

“我觉得自己的工作方法有待加强，您能给我提一些意见吗？”

听到这样谦虚的提问，领导当然会将自己心中的看法告知与你，并提出有效的提高方法：

"在有些问题上，你不应该自己擅作主张，遇事要提前向我汇报一下。"

"你对待工作很努力，但还要讲究工作方法。比如说，有些工作必须要集中精神着重处理，有些无伤大雅的细节就无须太在意了。"

在这样的沟通过程中，下属就能听到领导中肯的意见和建议，也能获知上司对自己的看法和期望，这都是我们修正工作流程与步调的根据。

2.5 放平心态，少做比较

即使心理不平衡的感受很强烈，但愤然辞职也并不是理智、成熟的人应该做的事。俗话说，"人比人，吓死人"，下属也没必要事事与他人比较，相对于小利益，还是自己成长的大目标更重要。与其盯着眼前的利益，不如放眼未来，综合考量整个公司和目前职位的发展前景。

其实，"人心不同，各如其面"，刻板印象毕竟是一种概括而笼统的看法，并不能代替活生生的人。因此，在遇事遇人时，换个角度，或许看得更准。

3. 有时要就事论事，有时要宽容

一只脚踩扁了紫罗兰，它却把香味留在那脚跟上，这就是宽容。

3.1 宽容的魅力

"不拘小节"的说法有两面性。我们经常说做大事要不拘小节，但我们同时也说"成大事，必作于细"。因为这样矛盾的看法，大部分人都存在错误的理解，甚至把马虎大意、粗心、放纵也以"不拘小节"来诠释。

冷静地看，这两句话分别代表着两个方面：一方面是做事，当我们对待工作的时候，必须抓住细节，在细节上追求工作品质，所以说：做事要拘小节。另一个方面是做人，做人不能斤斤计较，要有大胸怀、大眼光，对待小事要具备理解和宽容的品质，也就是：做人要不拘小节。

安德鲁·马修斯在《宽容之心》中说过这样一句能够启发人心智的话："一只脚踩扁了紫罗兰，它却把香味留在那脚跟上，这就是宽容。"宽容是一种对人的态度，也是一种良好的心态，同时也是一种优秀的人格魅力，是受人赞赏的品质。

心理学上有一个重要的研究就是人格的吸引力：宽容恰恰是吸引别人关注你、理解你、认可你的重要的成功型人格之一。

大学毕业后，红艳分到一家杂志社做编辑，她的顶头领导是个离了婚而又处于更年期的老女人，脾气暴躁且神经质，大家背地里叫她"老猫"。

红艳很快就觉得"老猫"的存在让她这个社会新人的工作很不爽。红艳艺术院校的那种张扬个性和自由散漫的作风常常让"老猫"对她格外地挑剔，好像是专门和红艳过不去。

单位里是不要求编辑坐班的，但是"老猫"却要求红艳天天来，理由是红艳刚刚从大学毕业，必须加强对岗位意识的培养，于是红艳不得不克服在大学里养成的晚上不睡早上不起的坏毛病，每天早上痛苦不堪地倒三趟车穿越大半个城市赶到单位，偶尔因为堵车迟到一两分钟，就得像耗子一样胆战心惊地从"老猫"办公室门口溜过去，运气不好的时候就只能束手就擒。

到单位第二个月，红艳被派去负责收发杂志社每天的稿件。稿件分发、登记占用了红艳全部的时间，这也与红艳的专业一点都沾不上边。红艳觉得这完全是在打杂，自己练就的华丽文才就是为了给那些人写"感谢支持"、"欢迎下次来稿"之类的退稿信。红艳愤怒极了，打算第二天就向“老猫”提出质疑，不再做这些工作。

第二天早晨，红艳坐在车上，车子正停在红绿灯处，红艳吃惊地发现，“老猫”吃力地拖着比她高大的儿子过马路。红艳没想到整天一脸严肃的“老猫”，身后还会有这样辛酸的事，而红艳还和同事一样一直嘲笑“老猫”的暴躁是因为更年期。

到了单位后，红艳好像完全忘记自己昨天要反抗领导的想法，而是主动地去做这些以前认为琐碎的事。“老猫”看到红艳工作态度好转，也开始对红艳另眼相看，慢慢把编辑的工作方法教给红艳。

一次意外的发现，就让一个年轻气盛的人变得温驯了，红艳最终没有向自己的领导发泄不满，这是因为人本身就具有宽容之心和理解他人之心。我们应该时刻调动自己身上的宽容之心，这看起来似乎是在宽容自己的领导，但最终受益的还是我们自己。

3.2 跟老子学“不争而争”

绝大多数的人都希望自己能够具备宽容他人的品质，也认识到宽容他人是一种人格上的美德。但同时，绝大多数人在涉及自我问题的时候，通常无法做到这一点。这是因为，宽容涉及自我心理的根本性调整。大多数人在宽容心的修炼过程中都犯了一个巨大的错误，那就是强迫自己“委曲求全”，而不是真正意义的改变自己的心理认知，从而自然而然地达成宽容的心境。当我们不断地与自我的心理作斗争时，我们通常会失败，因为我们只是“控制”了我们外在的行为表现，而不是指向自我的中心的根本改变。

《老子》中有这样一句话：“江海所以能为百谷王者，以其善下之，故能为百谷王。”意思是说，江海之所以能成为百谷之王，是因为它总是处在往低处走的状态。人也如此，倘若我们希望自己能够有所成就，能够汇聚他人，那我们也必须从心理上调整到一个“善下”的状态——这正是智慧的体现。

一天，琳娜去向她的领导——彼德先生要他签了的文件，他却先很茫然地看了她一眼，然后翻箱倒柜找了一遍，到最后竟然两手一摊，对琳娜说从来没看过琳娜送过来的文件。

如果是在一年前，琳娜会毫不犹豫地说自己昨天亲眼看见他的秘书把文件放在办公桌上，只是他没在意，也许当废纸扔了。

可是现在琳娜却不会这样说，因为如果你只是想要领导的签字，就别跟领导计较太多，所以琳娜只是说自己再去秘书那找找，便回到自己的办公室，把要签字的文件重新打印了一份，再拿给领导签字，当领导拿到文件时什么都没看就签了字。

很多人对这种处理方式不以为然，觉得如果是自己的话要么走了了事，要么大吵一顿，其实这都不能很好地解决问题。走了又如何？重新找一份工作你敢保证没有同样的问题吗？再遇到这种情况又该如何，又走人吗？吵了又如何？能让事情解决吗？这两种做法都不实际。

类似上面那样的情况，争吵或者情绪化处理是最常见的职场现象，但也是最无效的职业行为。最好的方式就是“不争而争”——以“善下”的心态，做好自己的事，用自己的行动把问题解决掉，而不是把问题复杂化，让时间来证明你的正确性。与人交往，包括与领导共事，谁对谁错并不一定要分得很清楚，重要的是有问题就必须去解决。

4. 学会调节情绪，使自己更出色

人最佳的情绪应该是一种积极中的平和，即不急不躁、不气不馁，同时还保持乐观与进取。但是面对与领导的分歧和矛盾，我们却往往无法保持平和的心态。如何更好地调节情绪，是正确面对分歧的重要基础。

4.1 解决问题要就事论事

就事论事是一种客观的态度，也是一种积极的、难得的职业品质。比如，你对别人的观点言论认识有不同见解和看法，完全可以通过就事论事、就理论理的方式，动之以情、晓之以理、以理服人的方式来达成相互的谅解。就与领导的关系来说，就事论事，是对事物本身存在的问题进行深入探讨，而不是对人的情绪反应——这往往是一种得出正确解决问题的办法，而又不影响双方合作的积极方式。

但是，人类在认识外界事物时，会产生喜与悲、乐与苦、爱与恨等主观体验。心理学上把人对客观事物的态度体验及相应的行为反应，称为情绪反应。很多人对自己已经处于一种不良的情绪状态一无所知，结果不仅影响了自己与领导、同事的关系，甚至还影响到自己家庭的和睦与幸福。那么，如何才能调节情绪，更好地面对工作中的矛盾呢？我们有以下几种方法：

4.2 意识调节：由内而外地改变自己

人的意识能够调节情绪发生的强度，我们可以通过读书，提高自身的修养，自觉地调节情绪，所谓读书可以怡情，大凡就是这个道理。

4.3 语言调节：给自己一点有用的告诫

通过语言可以引起或抑制情绪反应，如林则徐在墙上挂有“制怒”二字的条幅，这是用语言来控制与调节情绪的例证。

4.4 转移注意力：不要把注意力集中在不愉快的事情上

把注意力从自己的消极情绪转移到其他事情上去。俄国文豪屠格涅夫这样劝告那些刚愎自用、喜欢争吵的人：在发言之前，应将舌头在嘴里转十个圈。这些劝导，对于缓解不良情绪是非常有益的。

4.5　时刻保持微笑：让微笑感染你自己

心理学认为：当我们希望改变某种态度的时候，我们要先从行为入手，当行为产生良好反应时，我们的心理状态就能够更加平稳。所以，当生活中遇到不顺心的事时，我们一定要保持头脑冷静，不妨微微一笑。这笑能敞开你的胸怀，展示你的智慧，化解种种矛盾。

4.6　找个人提醒你：借助外力的影响

如果你确信自己容易情绪失控，那不妨找个人时刻提醒你自己。心境的控制有时候也需要借助外力，所以不要认为这是自己软弱和无能。

4.7　心情的疏泄：过多的压抑应尽早地释放

生气的事是多种多样的，各人的想法也不同，有时自己排解不开，也不要把气憋在心里。这时可找一知己好友倾诉衷肠。听了朋友的安慰、劝告后，你的一腔怒火可能会慢慢地化为乌有，甚至会让你笑逐颜开。

5. 客观地看待问题，发现自己的不足

只有调整好自己的情绪，才能在平和的心态下客观地看待问题。

5.1　如何做到客观看人

与陌生人交往时，首先要摘掉有色眼镜，自然地与其交往。

● 以“眼见为实”验证“偏听之辞”。

听来的信息未必都是真实的信息。在与陌生人交往的过程中，应正确认识别人，换个角度，重视和寻求与刻板印象不一致的信息，不

要抓住人家的弱点不放。

● 精心观察，不要停留在表面。

通过观察对方的言行举止，获得多方面的信息，并做出正确的判断。切忌以点带面、以偏盖全。

● 多角度看问题，不要片面下论断。

从多个角度思考问题，不要为已有的框架所限制。扩大并发散思维，培养变通能力。

● 切忌“以貌取人”，不要被外表迷惑。

不要被肤浅的表面现象所迷惑，尤其要避免“以貌取人”。

·将心比心，进行心理换位，不要一味考虑自己。

从情感上体会刻板印象的危害，多站在对方的立场看待问题，理智地消除对对方的刻板印象。

5.2 不能只看表面现象

人们看到玫瑰是带刺的，却没有想到，带刺的不一定是玫瑰，还可能是月季、仙人球。民间有个“走马看花”的故事，说的是一个媒婆精心安排促成了一桩婚事。男方骑马经过女方家门相亲，女方依门闻一朵鲜花，双方彼此很满意，拜堂后，女方发现男方是瘸子，男方发现女方是歪鼻。这虽然是一个笑话，却说明在与人的交往中，你的眼睛是会骗人的，所以，看人时不要只看表面。职业生活中遵循同样的道理：你必须尽可能地与你的领导进行真诚的沟通，以增进了解，解决分歧，而不是从表面现象出发决定自己的行为。

小杨在武汉一家公司做销售，长期以来他的领导对他实行的是松散式的管理，只要每月完成规定的任务，其他方面的事情一般都直接开绿灯。

但最近情况起了变化，原来的主管工作变动，取而代之的是一位新的主管，他的管理方式与原来的主管大相径庭，不仅要求职员每天要按时签到，而且还要求他们详细汇报每天所做的事情。

小杨对此感到很不适应，认为新主管完全是多此一举，就在很多方面与新主管发生了激烈的争执，并将矛盾闹到了老板那里。现在，虽然小杨还没到离职那一步，但是与新主管的工作关系已变得非常尴尬。

小杨苦恼的根本原因，就是他对新领导有偏见，如果是一时无法适应新领导的工作方式，这个问题不是很大，可以慢慢调整自己，使自己和领导步调一致。但是，如果认为新领导完全是多事，心理上不承认新领导的做法，外在的行动上就很难调整到与领导一样的状态上来。这种错误的个人偏见在心里停留得越久，小杨与新领导的外在矛盾就会越多，矛盾和分歧多了，工作就不好做，苦恼自然就多了。

6. 改变思维方式，更好地解决问题

矛盾总会产生，但是在看待问题时变换一种思维，就可能更好地解决问题。

6.1 解决问题的核心在于改变自己

与上司发生矛盾之后，许多下属不愿意去反思自己的问题，而是想当然地把责任推到领导身上。这样做不仅会产生大量的负面情绪，而且对解决矛盾毫无裨益。与其抱怨领导，期待领导有所改变，不如将目光的焦点放在自己身上。解决矛盾的核心在于改变自己，当我们自己的能力有所提高之后，与上司的矛盾也就不复存在了。

这是一份重要的合同，秦伟用了三天时间才写完，又细细地修改

了一番，这才交给总经理。

但是等了两天，还是没有收到总经理的回复，而合作方又催得很紧，秦伟没有办法，只好直接去找总经理问情况。

一进总经理的办公室，秦伟劈头就问："我两天前给了您一份重要的合同，您看过了吗？合作方很着急，我在等您的签字。"

总经理想了想，回答："我没什么印象了。"看到秦伟焦急的表情，总经理站了起来，在桌面和柜子上搜索了起来，结果还是一无所获。

"我这几天处理的文件都放在桌子上了，我没找到你的文件。你真的拿给我了吗？"

秦伟不满地说："我肯定给您了！"

由于这句话的音调一下抬高了很多，经理皱了皱眉头："那我这里怎么会没有？你再回去找找吧，我要去开会了。"

碰了一鼻子灰，秦伟委屈地从总经理办公室退了出来，正在发愁时，迎面见到了总经理的助理徐卿。秦伟焦急地把事情向徐卿说了一遍，并且请求徐卿再帮忙找文件，徐卿并没有答应，而是劝秦伟："总经理很忙的，忘记也是难免的。你还是再打印一份吧，也不会费多少功夫。"

秦伟想一想也有道理，又打开电脑将文件调出来，重新打印装订。在递交给总经理签字前，秦伟先思考了一番："为什么我的文件会被领导耽误，甚至弄丢呢？"

他发现，这是由于自己交文件给领导的方式有问题。每次把材料和文件交给领导时，自己从来没有标注过文件的重要程度，也没有向领导强调文件的期限，恐怕这才是文件拖延签字的根本原因。

在与徐卿聊天时，徐卿也曾经抱怨过："我不在办公室的时候，许多同事就把要签字的文件往总经理的桌子上一丢，没有任何说明，我只好一个一个地打电话过去确认，很容易耽误事情。"

此后，秦伟再交什么文件的时候，都会向总经理说清楚文件的重要程度和处理期限。如果总经理不在办公室，他就请徐卿代为转告，或者留一张字条。这样做之后，秦伟的文件再也没被总经理拖延过。

改变自己的思维方式和工作方法，用领导喜欢的方式展开合作，才是解决矛盾的核心办法。在日常生活中，很多人都过分强调自己对成功的贡献，尽量缩小自己对失败应负的责任。这是人们的一种自我防御倾向，因此就有了“问题都是别人的，成就都是我自己的”这种错误的想法。

矛盾的产生有很多的原因，其中，我们自己的原因才是主要的原因，是真正需要关注的问题。因此，我们一定要从自身出发，正视矛盾。

6.2 不与领导顶撞结怨

也许你是一个工作认真执着的人，但总是觉得领导故意刁难你，为此还常常大发雷霆，甚至到领导面前“投诉”，造成办公室火药味十足。这样的下属在与上司发生矛盾时，首先应该避免在情绪激动的时候与上司沟通。因为人一旦处于情绪激动的状态，说出来的话往往是杂乱无章、未经组织的，这时候与上司沟通，只不过是在宣泄自己愤怒的情绪而已，根本没有上升到解决问题的高度上。

动辄发脾气的人感情上通常不够成熟，不会控制自己的情绪。不论是企业文化多么开明的公司，都不赞成以员工乱发脾气的方式来沟通问题。如果性格改变起来阻力比较大，我们可以向上司申请，把工作重心放在不需要过多交流的工作上，逐渐地改善自己的沟通能力。平时，不妨多参与同事们的活动，与同事和领导建立起“统一战线”。

6.3 不因领导的话语而情绪低落

自尊心强、感情脆弱的员工很难面对领导的负面评价，这些员工可能是职位较低的员工或者年轻女性，领导几句提醒的话就会让他们感到格外不安，无形中给自己制造了很大的压力，导致丧失工作热情和兴趣，甚至产生跳槽的念头。

这类下属必须明白，在工作中发生错误可能是多种原因造成的，不一定与个人能力有关。因此，不必为此感到沮丧和丧失信心。领导们通常都是对事不对人，严厉的批评并非针对自己的人格。

6.4　不要总是反对领导的新措施、新方案

有时候，不管领导提出的建议是什么，某些下属根本没有进行深入的思考和研究，只是一味地阻挠和反对。这些员工之所以反对各种建议，只是因为他们消极悲观，缺乏信心，担心失败。如果你是一贯努力工作、对公司忠心耿耿甚至还颇有业绩的员工，只是面对变革有些缺乏信心，就应该着手培养工作的自信心。当上司向你畅谈新计划，让你负责实施时，先别立刻面露难色或者采取否定的态度，而是应该提出积极而且有建设性的意见。如果怀疑该项计划的可行性，不妨先把疑惑收起来，与领导一起商讨可行的方法，并且全力帮助他实施计划，体验变革的乐趣，并由此获得工作的成就感。

当然，生性消极、悲观的人不可能一下子变得积极、乐观，如果上司是一个乐观进取、凡事采取积极态度的人，一定要尊重他，并加深与他的交往，这样，下属多少也会受到感染而逐渐产生信心。

第五章

做汇报要及时，提请求要合情合理

反馈本身就是一种有效的心理交流，即使反馈的结果并不尽如人意，也会增强对方的安全感。

聚焦：学会让领导放心，而不是让领导操心

同一家公司里，相比受到经理表扬的孙海，新上任的市场部经理杜鹏就没那么幸运了。

接下了公司里人尽皆知的“烂摊子”——人员不足、预算不足、外界条件不足的市场部，同事们都对这个新来的空降中层充满同情，而杜鹏刚开始接管市场部的时候，已经发现了大量的问题，但本着尽量不给老板找麻烦的原则，杜鹏尽量不把难题上交，很多困难都由自己先扛下来，然后想办法协调解决。

但是这样做的结果是：总经理根本不了解工作的难度，他总是挑剔杜鹏的工作做得不到位，大家总能看到杜鹏灰头土脸地从总经理的办公室里走出来。做不出业绩，部门状况没有改观，杜鹏的精神压力越来越大，终于病倒了。

这个案例应该在不少人身上都发生过，很多人并不重视向领导汇报工作，就算重视也不懂得如何汇报。除了汇报工作外，我们日常要做的另一件事就是向领导提出请求。本章我们将解决以下几个问题：

(1) 向领导汇报工作必须注意哪些问题?

(2) 如何向领导进行不同类型的汇报?

(3) 向领导提出请求的原则和注意事项有哪些?

(4) 如何使自己的汇报和请求更有成效?

1. 早请示晚汇报不是一句空话

及时反馈是加强与领导沟通的重要途径，也是基本的职业素质。

1.1 确定比不确定要好

通常情况下，领导会在你的反馈过程中了解你的工作进度，这样会让领导增加心理安全感，同时，领导还可以看出你的优点和缺点，掌握你的工作特性，便于与你建立融洽的工作关系。

心理学家赫洛克（E · B · Hunlock）曾做过一个著名的实验，他把106名四五年级的小学生分为四个小组，让他们练习加法运算，这些题目难度相同，练习时间为5天，每天15分钟。小学生练习完后赫洛克分四种不同的情况进行评价：

第一组为受批评组，每次练习后严加批评；

第二组为受表扬组，每次练习后予以鼓励和表扬；

第三组为被忽视组，每次练习后不予以任何评价，只让其静听其他两组挨批评和受表扬；

第四组为控制组，不予以任何评价，还把他们与前三组隔离。

实验结果表明：前三组的练习效果均优于控制组，第一组和第二组明显优于第三组，但第二组的学生成绩不断上升。也就是说，适当表扬的效果明显优于批评，而批评的效果比不予任何评价的效果好。

出现这样的结果，是因为实验者及时对练习的结果进行了评价，这个评价就是对练习的一种反馈。

反馈本身就是一种有效的心理交流，即使反馈的结果并不尽如人意，那也会增强对方的安全感——这是因为确定总比不确定好：人的忧虑、不安甚至恐惧等几乎都根源于未知情况下的不确定心理。

1.2　及时向领导反馈

将反馈效应运用到工作中，我们就应该把自己的工作及时地向领导反馈。领导对你反馈后的态度将会影响你下一步的工作，同时也增进了你与领导的关系。请看下面这个例子。

周五，张越为了完成领导交代的一个报表，干到晚上10点多才完成，但是却不知道是不是应该回去，这时领导已经下班了，但领导的领导正好也在加班。

张越就主动告诉这位领导，说他完成了某项工作，这位领导虽然不直接管张越，但建议张越给自己的领导打个电话，把自己的工作情况给领导说一下，这样领导会放心。于是张越给领导打个电话，说报表已经统计完了。

领导连说，好好，搞得这么晚，辛苦了，快点回去休息吧。语气尽显对张越的关怀。

回家的路上，张越还在想，要是不打这个电话，领导以为他很快做完了，不理解他的辛苦，还可能会责怪他怎么不向他反馈。

如果工作中能做到像张越这样及时反馈工作，就一定要尽力做到，无论工作是否做完还是在进行中，都要及时向领导说明，否则就极容易造成误解和分歧。比如，领导交代你一件工作，你从早上一直干到晚上10点，还没弄好，于是就回去了。第二天，到晚上终于完成了，但在第三天才交给领导。领导却生气地说，这么一个东西你怎么搞了这么久。这个时候，你心里肯定不好受，自己这么辛苦地干，还得不到领导的好话——但这一切都是你自己造成的，它意味着你并没有掌握与领导交往的规则。

1.3　价值回报：汇报工作计划的积极意义

从个人的心理反应特征来说，对工作计划及时进行汇报是一个积极的事前交流过程，是杜绝合作偏差和误解的有效手段。更重要的是，通过事前有效的磨合，在工作合作中将规避可能出现的各种问题，使事情获得双方满意的积极成果，在此基础上，可以建立更加牢固的双向信任关系。

通过汇报工作计划所产生的价值回报是多方面的，而且是显而易见的。

● 展示你的积极主动。

在领导看来，你的这种举动是一种主动承担责任、积极面对问题的职业品质。当你这样做的时候，领导会意识到：当同样的问题出现时，你总会及时地向他提供方案，这就是安全感。

● 展示你的深刻见解。

有机会展示你对问题的理解、解决问题的办法的构思是你的幸运，这正是领导深入认识你、了解你的有效手段。

● 展示你的积极帮助。

你不会将所有的问题推到领导头上，让领导耗尽精力思考你的工作。把所有工作做在前面既是你的本职，也是你对领导提供的帮助，让他省去对问题的思考，这会让领导由衷地赞赏你。

● 展示你的尊重意识。

即使你有非常高明的想法，即使领导很信任你，但如果你总是擅做主张，而不向领导汇报，那么领导的不安全感就会大幅攀升。不是因为他不相信你，而是因为他必须在心理上做好应对问题的准备——你不能确定你的工作永远不会出问题，领导也会这样想。所以，不针对问题的汇报，也是一种尊重，是对领导问题防范意识的尊重。

● 综合价值回报。

当你确实能够做到及时汇报后，当你随时随地提供信息给领导，让领导明白你下一步将做什么以及怎么做，并获得他的认可后，领导对你的信任感就会显著增加，通常会伴随着一系列授权、让你接受更大的挑战、提升你的成长速度等。

多请示是建立与领导良好关系的第一步，在日常的工作中主动多请示，遇大事请领导拿主意，小事完成后及时反馈，一方面既是尊重领导的表现，另一方面也是不断了解领导心理活动的一个过程。

时间久了，随着与领导沟通的深入，双方相互了解，领导也就不会因为你一个小错误，随意批评指责你，甚至有可能在逐渐信任的基础上，抓大放小，鼓励你一展身手。

2. 即使领导不过问，你也要让他知道

工作中，领导不见得事事过问，这时候就需要你自己主动将工作情况反馈给领导。

2.1 只吃了一半的牛排

有"经营之神"之称的日本松下电器总裁松下幸之助的行为总会引人深思。

有一次松下在一家餐厅招待客人，一行六人都点了牛排，等六个人都吃完主餐后，松下让助理去请烹调牛排的主厨过来，他还特别强调："不要找经理，找主厨。"助理注意到，松下的牛排只吃了一半，心想一会儿的场面可能会很尴尬。

主厨来时很紧张，因为他知道叫他的客人是大名鼎鼎的松下先生。他紧张地问道："是不是牛排有什么问题？"

松下略带歉疚地说："牛排味美，但是我只能吃一半。原因不在于

你的厨艺，牛排真的很好吃，你是位非常出色的厨师，但我已80岁了，胃口大不如前。”

主厨与在场的其人都困惑得面面相觑，松下接着说：“我想当面和你谈，是因为我担心，当你看到只吃了一半的牛排被送回厨房时，心里会难过。”在场的人无不为松下幸之助的个人魅力所征服。

在这个故事中，松下幸之助就是运用了及时反馈的技巧。他当场就告诉厨师为什么他的牛排只吃了一半。松下幸之助的做法，表明了他多么看重及时反馈！

2.2　工作进度随时汇报，让领导安心

一个人如果守在自己的岗位上却对自己的工作一无所知，便是失职。领导的岗位要求他必须清晰地知道自己管理的工作的进展程度，所以及时汇报工作进度是下属应尽的职责。领导分配下来的任务、安排的工作是否有进展，进展如何，这些都是领导希望了解的。而之所以了解的一个重要目的，就是领导可以根据掌握的情况进行计划的纠偏和决策。下级往往容易犯一个错误，经常忘了或者不习惯及时汇报，要等领导来问才汇报、才想起，或者等很久才汇报。这一点其实很容易让业务出问题，而这恰恰是下属执行工作时最容易犯的一个错误。

总经理因为急事出差去广州一天，出发前他把布置记者招待会的任务交给了公关部的孙海。

总经理把广东的事务处理完后，坐上了回程的飞机。上飞机之前，总经理收到了孙海的短信：“经理，我待会儿开车去机场接您，顺便在车上向您汇报一下招待会布置的情况。”

等到总经理下飞机走进航站楼，孙海马上迎上去。在车上，孙海详细地将情况向总经理汇报：包括邀请了多少家媒体、大概有多少人参加、

会场周边交通情况、会场内部布置情况、银幕和音响的问题，等等。

总经理一边听，一边点头赞同。末了，他问了孙海一句："为什么你非要来机场接我？你不用在会场里组织吗？"

孙海回答道："您放心，会场那边我已经吩咐给部门里的人和会务公司了，我怕等您进了公司以后一忙就没时间听我汇报了，这边您要是反馈了什么意见，我一会儿就打电话吩咐在会场的几个人办。"

这一番话说得总经理连连称赞："很好！会场的布置情况我很满意。"

在上面的案例中，孙海的做法非常巧妙。领导出差回来，必然需要处理大量的杂事，这会对他的汇报将会产生很大影响。而如果等领导忙完了再汇报甚至等领导问起来再汇报，不仅来不及处理紧急的事情，而且他的能力在领导的眼里也会大打折扣。

从心理学上来看，领导只有随时掌控我们的工作，才会有安全感——即使出现了问题，领导也仍然需要知道，这是因为问题总是可以解决。但问题未必会产生，然而其未知的风险将极大地刺激领导的危机意识，破坏领导的安全感。

你必须清楚的是，当一个领导过问你的时候，其实未必是想过问某些工作细节，但你逼着领导主动过问，就必然会涉及一些工作细节。这一方面会影响领导的情绪，另一方面也会影响到领导对宏观问题的掌控。及时汇报，让彼此相安于自身的职责，自然可省去很多麻烦和冲突，也避免了领导主动过问的尴尬和被动。

2.3 用你的计划影响领导

在领导把握整体工作进程之前，你应该以相对充分的信息和自己的思路影响领导对工作的安排和筹划，从而让自己能顺利开展工作——这是一种管理自己领导的艺术。如果等到领导过问时，自己还对工作很茫然，那么就是“逼着”领导基于自己的信息找思路，想办法，然后再把它强加于你，而你却总是被动地接受，在这种情况下，你们的合作关系就不会健康，而你个人职业素质的不断提高也将是个重要的问题。

S总是在抱怨，说某某领导真讨厌，老是问他做得怎么样了。S心里不痛快，觉得自己做完了会告诉他的嘛，老是过来问，真是的！烦死了！但S的领导喜欢走动管理，当走到S的座位旁时就会问一下，你那个工作进展得怎么样了，或者说你应该这样做会更快些。而S正在按照自己的习惯正常进行工作，也快完成工作了，领导这样一说，S又觉得领导完全是个外行，还领导自己。

很少有人真正理解管理领导的艺术有多重要。想想这样的情况：要是领导是个“外行”，或者掌握的信息不充分，那他强加于你的这个思路和方法在你看来可能就是一种不必要的干扰甚至是干涉。按照他的思路办吧，可能不利于工作，至少不符合你的工作习惯，你不会甘心；不按照他的思路办吧，他必然会对你产生看法，这自然就产生了“挑剔”。这样的情况如何改变？前提就在于，你必须“预知”领导对问题的关注、想法，想实现的目标，然后在这个前提下，提供你的思路，供领导选择，将领导的思路“限制”在你认为的合理路径选择上，这样你就能够更有效地按照自己的思路自主开展工作，既掌握工作的主动权，发挥更大的自我价值，同时也将会得领导的认可。

3. 口头汇报和书面汇报的要求是不同的

大多数情况下，向领导汇报工作是以口头方式进行的，这是一种非正式的汇报。而正式的汇报则是以书面的形式递交。如何做好口头和书面汇报？要讲究方法。

3.1 口头汇报学问多

在工作中，我们免不了要与上司面对面交流工作的情况。面对面沟通是职场沟通方式中最常用的一种方式，如果你想进行双向的交流，想与领导交换彼此的看法和意见，想当场得到领导的反馈，想让沟通更加私人化，那么，你一定要掌握口头汇报的技巧。

在职业生涯中最常出现的问题之一就是很多员工在口头汇报时，不仅无法营造一个轻松、愉悦的沟通氛围，而且也把握不了沟通的共鸣心理而造成冷场和争执，更无法准确地表达自己的意图。这三个问题已经成为困扰很多职业人士的顽疾。

赵纯是一家电脑公司的技术客服人员。由于对待客户热情耐心、工作细致，一直得到上司的好评。赵纯对客户的咨询总是有问必答，因此他一直保持自己的手机处于开机状态。

周一的上午是赵纯与上司约好一起商量服务计划的日子，然而刚走进办公室，赵纯还没来得及开腔，手机就不合时宜地响了起来。上司大度地摆摆手说道："你先去接电话吧，咱们回来再说。"

打电话的是一位客户，他因为电脑启动的时候出了一些问题而询问赵纯，赵纯向他详细地解释了一番，终于让客户听明白了。客户感激地说："谢谢你，我自己再看看，实在不行再给你打电话。"

挂掉了电话，赵纯走回上司的办公室开始继续汇报，上司认真地倾听，时不时还指点一两句。但刚汇报了一半，赵纯的手机又响了起来。

这一次上司脸上没有刚才那样大度的表情了。赵纯知趣地向上司示意，并退出办公室。

这一次打电话的客户是因为硬盘故障数据受损而打电话咨询，由于问题比较复杂，赵纯费力解释了半天才解决。总算挂掉了电话，赵纯回到上司的办公室坐定，正要问上司刚才讲到哪儿时，上司却抢在前面问了他一句："你觉得接客户的电话和向我汇报工作哪件事更重要？"

赵纯想了想，回答说："汇报工作更重要。"

上司听罢，说道："那好，今天的汇报就到这里吧，下次再汇报的时候，我不想再听到你的手机铃声。"

赵纯这才意识到了自己的错误，不过为时已晚，自己在上司心目中的好印象因为这两个电话毁掉了。

在上面的案例中，赵纯对待客户认真负责是没错，错就错在时机不对。如果你是赵纯的上司，汇报工作刚进行了一半就被突然的来电打断，你会怎么想？

像这样的汇报细节，你注意到了多少呢？

3.2 事先确定基本的沟通议程

面对面沟通需要双方在繁忙的工作中抽出时间坐到一起，所以在时间上的成本更高。为了让沟通更有效，我们一定要事先确定需要讨论的议题，然后按部就班地讨论。如果只是一时兴起与领导交谈，就没有一个固定的主题，这绝不是高明而有效的沟通。

3.3 语言要委婉，避免使用在此要激烈偏执的语言

只有尊重领导才能赢得领导的尊重。面对面沟通是我们与领导的直接接触，印象更持久，影响更深远，因此要避免使用激烈、偏执的语言。在汇报的过程中，我们可以评论事情，但一定要注意言辞，否则容易爆发激烈的冲突，这样的话沟通就会失败。

3.4 不要忽视口头汇报的禁忌

在面对面的沟通中，我们的优点和缺点都会暴露在领导挑剔的视线之下，如果不谨慎以对，难免留下“把柄”。所以，一定要注意以下几点汇报的禁忌：

- 不要自作聪明地随意表达自己的观点。
- 诚实地面对问题，不要妄加猜测。
- 就事论事，不要随便演绎和扩散。

3.5 “情境同一性原理”的应用

我们说口头汇报是一种非正式沟通，非正式沟通一定需要一个好的环境，否则沟通就会受阻碍。那么是什么影响着非正式沟通环境呢？心理学上有一个研究是非常值得我们注意的，它就是“情境同一性原理”。

两个陌生人同住在一家旅馆。其中一个悠闲地躺在床上看电视，一个捧着一杯茶，边品茶边和另外一个人搭讪：“师傅来了好久？”

“刚到一刻。”那人回答道。

“听口音不是我们苏南人啊？”

“噢，我是山东枣庄人！”

“啊，枣庄是个好地方啊！我在读小学时就在《铁道游击队》连环画上知道了。三年前还去玩了一遭呢。”苏南人接过话茬说。

听了这话，枣庄人马上来了兴趣，两人从枣庄和铁道游击队谈开了。接着就是互赠名片，一起进餐，睡觉前双方居然还在各自带来的合同上签了字。苏南人的成功，就在于他找到了“枣庄”、“铁道游击队”这些共同话题，从而使双方进入了“情境同一性”。

处在不同的交往情境中，人的表现就会不一样。因而，人们在交往中，总是力求创造最适合自己的“情境同一性”。“情境同一性”之所以会发生作用，是因为个人在这种情况下容易获得一份好心情，并引起双方的心理共鸣。这就给了我们一个有力的启示：沟通一定要把握适当的时机。不同的语言情境、不同的场合，都有其最佳的沟通时机。

● 注意要比“期限还早”：给领导创造一个好心情。

比如在你与领导沟通时，当领导提出要求的时候，即使他没说“请赶快”，也要快速响应，这是沟通的基本原则。比如：“好的，我明白你对这个问题的看法了，我会马上安排。”有些事情确实是要花时间去做的，但是迅速响应，会提高领导对你的信赖。

● 汇报要在“当时、当场传达”：拖延容易冷却。

比如：当你达成某种成果时最好能够在完成后立即向领导汇报。如果你想“现在还有点别的事，以后再说吧”、“下次见到他的时候，再告诉他吧”，把汇报延后，等到事情已经出现另外的转机的时候，你再去汇报，通常情况下，领导的关注度已经降低，领导对这一事情的热情也在冷却，那么也就不会有共鸣的情境了。更重要的是，如果某件事领导要求你作汇报，而你无法做出汇报，而且汇报延后，那样将是雪上加霜。

● 道歉要在“事发当天”：在领导最关注的时候做出行动。

比如说，你在工作中出现了失误，或者由于其他原因导致某项行动失败，你必须及时地向领导说明原因。为什么呢？因为从心理学角度来说，这个时候是领导最关注你下一步行动的时候，也是他对你的印象形成（尚未最终确定）的过程中，如果你在这个时候无动于衷，那么意味着你根本没有认识到问题的严重性，你既不正视领导的感受，也不正视自己的错误。等到领导对你的印象已经形成的时候，你再去汇报，那只能说明你是后知后觉，而且极容易给领导造成你对待工作漫不经心的感觉。记住：在一个修补印象的行动中，你不要奢望寻找感觉最美妙的时机采取行动，你只能寻找一个感觉相对不那么糟的时机采取行动。这需要你具备足够的勇气。

当你处在以上三种情况中时，请一定要记住上述原则，那么，你就会得到更多的认可，这里面都是因为时机和相应环境下个人情绪的影响。

3.6 书面汇报并不过时

公司老总给新来的助理林宁布置了一项任务，要求她给各个部门发一个调查表，并要求各部门一定要在当天下午三点之前上交。

听完了老总的吩咐，林宁立刻拿着调查表走向各个部门去通知。公司一共有十个部门，全部通知下来，一个小时就过去了。

到了下午两点多，各个部门陆陆续续地把调查表交了上来，唯独研发部直到三点都没有动静。老总疑惑地问林宁："怎么研发部没有交调查表？你通知他们了吗？"

林宁信心满满地回答："绝对通知到他们了。"

"那这是怎么回事呢？"老总颇为不悦。

"我也不清楚，要不我过去问一下？"林宁赶忙回答。

"好，你去把研发部主管叫过来。"

20分钟后，林宁和研发部主管都进了老总办公室。面对老总的质疑，研发部主管一口咬定，是林宁根本没告诉他们下午必须交。

林宁感到格外委屈："怎么可能？我传达得很准确，时间也说得很清楚，必须今天下午三点之前交上来。不然为什么其他部门都能准时上交？"

主管辩解道："我确实没有听到你说必须今天交，不然我肯定会准时上交的。"

到底是林宁没有传达清楚，还是研发部没有听到。双方各执一词，各不相让，但没有书面材料作证，谁也说不清楚。

眼看着老总脸色越来越难看，两个人还是争论不出结果。最后，老总听得不耐烦了，摆摆手道：“都别争了！研发部赶紧去补填表格，小林，你以后办事牢靠点！”

这下，不仅研发部主管郁闷，林宁更郁闷，怎么一下子就给老总留下了“不靠谱”的印象呢？

面对这个案例，我们可以这样思考：如果林宁改变策略，不用口头通知，而是在调查表上附一份写明上交时间的通知，效果是不是更好呢？如果有了白纸黑字的依据后，当某个部门没有上交表格时，责任就不在林宁身上。

许多职场白领都觉得书面沟通是一件很麻烦的、过时的事情，其实书面沟通并不过时，而且，它是无可替代的。

表3-1　书面汇报与口头汇报的对比

	口头汇报	书面汇报
时间安排	受限较高，需要提前约定沟通时间和地点	可以随时递交文件，没有时间和地点的限制
准确程度	准确度低，言语和信息交流时容易造成误解	白纸黑字，不容易引起歧义
引起纷争的几率	口说无凭，很容易引起“扯皮”现象	清晰明了，不易引起纷争
保存时间	保存时间短	可以归档永久保存

既然书面沟通如此重要，又如此便利，我们何不掌握这种“白纸黑字，凭据确凿”的安全沟通法，为自己的职场发展保驾护航呢？

3.7　分析领导的需求

在这个信息泛滥的时代中，如果报告书写者不明白领导这位重要读者的信息需求，很有可能会把自己所知道的、与之相关的信息都罗列在文件中，这样既无法突出我们的真实目的，也增加了领导的阅读难度，看着密密麻麻但与主题相差甚远的报告，难保他们不会心生厌烦。因此，书面沟通最重要的原则之一就是一定要明确领导的阅读需求，把他最想知道、最能达到沟通目的的材料保留并凸现出来，然后把不相关的内容全部去掉。

3.8 注意书写语气

在书面沟通中，领导看到的是冷冰冰的文件，不能借助下属汇报时的肢体语言和语气语调来判断下属的想法，在理解上可能会出现偏差。因此，我们在书写的时候一定要斟酌一下自己的文字，检查它们是否能够准确无误地表达你的思想，并且考虑领导看到这些文字后的反应。

3.9 突出重要信息

第一种方法是要使用短词汇、短句子和短段落。一般而言，较短的段落是突出你的主要观点的位置。减少使用和缓动词，使用有力度的动词可以增加文章的权威性和说服力，因为他们引领着读者的思路。有力度的动词具有明确的动作倾向，起到具体和强调的作用，而和缓的东西抽象而不具体，例如：想要、想、能够、将会等。

第二种方法是把重要的信息放在该段的重要位置，即开始的句子上，而不要跟在“在……之后”、“因为”、“如果”这类词后面。另外，也可以对重点句和重点段进行着重标注，例如，加下划线、着重号、字体加粗、变色等。

3.10 注意格式上的细节

将书面沟通中的一些细节问题处理得当，能让你的沟通更加顺畅，比如：

- 在段落之间留出充分的空间。
- 在纸张的上下左右留下充分的空白。
- 使用数字序号把你的要点标注下来。
- 使用主标题和副标题。
- 用小标题把更长的信息隔开。

在写完书面材料之后，一定要仔细地检查一遍，确认通篇语法运用是否正确，并修正一些细节性的错误。

待信件、报告或者备忘录的主题和内容完成之后，我们就可以回来写前言和结尾。即使是一篇很短的备忘录和信件，领导也能够从我们的前言和结论部分获益，因为材料的前言就是要着重说明和提示领导你打算告诉他什么问题，结尾就是总结你刚才对领导说了什么问题。

4. 掌握汇报工作的技巧

许多下属都觉得能够让上司专心听取自己的汇报简直就是奢望。汇报形式虽然重要，但没有领导满意的内容作基础，一切都是空谈。

4.1 领导究竟想听什么

学会“怎样汇报”很有必要，但是，受到冷遇的下属们必须先弄清楚上司究竟想听什么。

在一个关于企业管理和领导力的咨询项目中，谈到沟通障碍的问题时，一个领导面带难色地对讲师说：“现在，要想找到一个真正能跟我合拍的下属真是太难了！”

这句话道出了许多领导的心声，大家开始相互诉苦：

“我跟下属的沟通就从来没顺畅过，如果我不问，他们永远不会说出我想知道的问题，只知道在那里自顾自地说自己的话。”

“如果我过问得多了，下属就会一脸不痛快，觉得我干预了他们的自主性。但是如果没有我的把控，最后事态肯定会不可收拾。”

“上次一个下属来我的办公室里拐弯抹角地说了半个多小时，说得我头昏脑胀，最后他才吞吞吐吐地说到了想要给项目增加预算的主题。”

做下属的我们听到了领导这样的心声，是不是觉得很沮丧？

合拍，就是和领导说同样的话吗？这样想就太片面了。实际上，真正的合拍是就是我们的思维和领导的思维能够形成一个有效的合力，而不至于发生言语冲突和思维冲突。

为什么我们不能理解领导的决策，而领导也无法获得我们的信息支持？这是因为沟通双方都没有清楚地认识问题，没有抓住沟通的重点，解决关键问题，这样的决策和执行当然会遭遇失败。

● 汇报要有侧重点。

大多数领导并不掌握具体的业务情况，他们更多倾向于宏观性预测以及方法指导，但这种宏观决策又不能脱离业务现实。作为下属，我们必须为上司提供真实的信息和建议，向领导展示宏观决策和现实业务之间的鸿沟。

● 保证信息真实、全面。

无论是我们建议领导做决策，还是领导个人的自主决策，你都应该主动地考察领导决策背后的信息依据，保证提供给他的信息都是真实的。

尽管你提供的某些信息可能是真实的，但也许是不全面的，这就容易使决策成为基于片面事实的结论，这样的结论显然也无法真正地解决问题。

● 说明理想和现实目标的差距。

很多下属在向上司汇报情况时，常常把目标和远景描绘得有声有色，对领导制定的目标也毫不犹豫地表示支持。这样做其实非常危险，容易造成非常被动的局面：下属努力实现领导确定的目标，付出了巨大的努力，而领导没有掌握真实的情况，也无法提供更多的帮助，最终导致工作步入进退两难的境地，这是一种极为不利的情况。所以我们必须记住，不能一味地迎合领导的喜好，而是要帮助领导作出对现实层面最有利的判断，诚实地界定自己、界定目标。

一个人既要脚踏实地，也要心存高远，所以，如果领导给出的目标是你确实无法完成的，那么你一方面要向领导提供足够的信息，让他作出正确的判断，另一方面你要突破自己的思维限制，说明理想目标实现的可能性。

从总体上来看，无论领导作出怎样的决策，下属的义务就是迅速寻找问题的关键，向领导提供准确、全面且深入的信息，确保领导的决策既现实可行，又有所超前。在这个基础上，我们才能更深入地与领导建立积极的合作关系。

4.2 控制汇报节奏

上司工作繁忙，要务缠身，在向他汇报工作的时候，一定要简单明了。这样，既节约上司的时间，也节约我们自己的时间。

例如，我们的工作中面对这样一个问题：由于公司新招聘的人员能力良莠不齐，导致许多工作无法顺利进行，必须花一些时间对新员工进行系统的培训。在向领导汇报这个问题的时候，我们就应该围绕项目的回报率来谈：

“虽然耽误了一些工作时间，但经过这样一番系统的培训后，新员工的职业素养和精神面貌将有很大的提高。将来他们到外面洽谈生意的时候，就能够很好地展现公司的形象。”

● 向领导汇报问题的核心。

若想控制汇报的节奏，一定要抓住问题的核心，而对于具体的操作性细节则不用过多叙述。尤其是在与主抓战略的高级主管沟通时，更要注意这个问题。对于一个培训项目来说，上司对你安排课程的时间和地点并不关心，他关注的是新员工的改变。

● 在一分钟之内汇报完毕。

从时间上来说，一般的汇报如果能在一分钟内讲完是最好的，因为说话内容不在多而在于精。如果领导觉得你说的确实有道理，他很快就会接受。倘若他不赞同你的意见，你也没有浪费他太多时间，他会为此感谢你。

● 别背讲稿，写好提纲。

许多下属为了缩短汇报的时间，常常会提前做足功课，把要讲的内容写到纸上，殊不知，这种死背讲稿的下属也令上司格外头疼。因为逐字逐句背诵讲稿的人表情和语气都不会太自然，当问他们一个"不按理出牌"的问题时，他们会立即"哑火"——沉默不语，或者答非所问。

毛泽东就是一个不爱听念稿式汇报的领导人。他曾经明确说："谁要是念稿子，我就打瞌睡以示抗议。"当时担任石油工业部副部长的康世恩为了向毛主席汇报，特地准备了一份详尽的材料。但到了现场汇报的时候，康世恩刚念了一段，就被毛主席打断："你不要念了，我这里也有本本，你随便说吧。"接下来的汇报就是在一问一答中进行的。这次特殊的汇报给康世恩留下了难以磨灭的印象。

要是不念稿子，要怎么汇报呢？对此，英国首相丘吉尔的秘诀就是：写好提纲。

丘吉尔是一个演讲专家，他的演讲从来不用看稿件。但在做演讲之前，他一定会写一篇简短的提纲式摘要。有人问他："你为什么要写这种提示性的摘要？"丘吉尔幽默地回答："虽然我会买火灾保险，但我可不希望自己的房子着火啊。"

如果说万全的讲稿是灭火器，那么摘要提纲就是火灾保险。我们没必要每次出门都背着沉重的灭火器，但火灾保险却是一份无形的保障。就算向领导汇报的时候不看提纲，但提前写好的提纲也会像电视演播中的字板一样提醒我们：什么问题必须讲，什么问题必须着重讲。

不信的话，我们可以回想一下小时候老师们的备课本——逐字逐句记录、讲课时还要放在讲台上参考的一定是年轻的实习老师，而经验丰富的老教师则相反，我们很少看到他们带着讲义进课堂。

4.3 不必事事汇报

在《杜拉拉升职记》中，有一段故事非常值得每个职场人反思。

在杜拉拉升任为广州办行政主管职位后，她就要向新上司玫瑰作汇报。这时，广州办要进行一个装修项目，杜拉拉原本找了三家供应商，并将方案交给玫瑰，然而玫瑰不由分说地从上海指定了一个供应商，让拉拉同这家供应商沟通接洽。

这就是杜拉拉与玫瑰不愉快的开始。

杜拉拉发现了供应商的工程存在质量问题，当她如实向玫瑰汇报时，得到的却是劈头盖脸但又不带脏字的训斥。

有时候，杜拉拉向玫瑰请教问题，玫瑰就不耐烦地把决定权推给杜拉拉："你是广州办的主管，应该有自己的决定。"

于是杜拉拉自己做决定，然而结果刚一报上去，玫瑰骂人的电话就跟了过来。

这样来来回回，杜拉拉总是不得要领，甚为烦恼，只要玫瑰的电话一到，她就神经紧张，不知道哪里做错了，唯恐又要挨骂。

杜拉拉的经验还不够，她无法正确地做出判断：到底哪些问题该汇报，哪些事情不必要汇报，哪些事情必须由玫瑰决策，哪些工作只要符合公司的政策就可以执行，哪些该按照前辈玫瑰的专业经验来处理。

在积极地与玫瑰建立起一致性以及摸清玫瑰的规律之后，杜拉拉的工作才顺心起来。

而与杜拉拉同级的北京办主管王蔷则没那么幸运了，她经常打电话给杜拉拉诉说玫瑰给她的郁闷。

一天，王蔷又气呼呼地打电话对杜拉拉说："长江发水灾，北区的同事都说要捐款，我就找玫瑰商量怎么组织这事，结果她不耐烦地对我说她忙着呢，让我别烦她。你说她怎么这么没有人情味儿呀?"

杜拉拉虽然嘴上没说什么，但心里却想："给灾区捐款当然没错，但对于忙得不可开交的玫瑰来说，这不是头等要事。在主管忙的时候下属去汇报不重要的事情，这对主管来说就是给她添麻烦。"

最后，杜拉拉和王蔷的结局很不同。在玫瑰离开DB后，杜拉拉晋升为行政人事经理，而王蔷在玫瑰的挑拨下惹恼了公司的一位当红总监，不得不提前离开了DB。

这就是下属之间理解力和执行力的差异，而归根结底是汇报逻辑和汇报方法的问题。领导在处理工作问题的时候都有一定的逻辑性，他们会将重要的和不重要的事情区分对待。作为下属的我们在汇报工作的时候，就要弄清领导的逻辑，并且使我们的汇报逻辑清晰起来。在开口之前先想清楚：到底什么问题该汇报，什么问题没必要说。在这里，杜拉拉的经验很值得我们借鉴：

● 有些事情必须向领导请示，并且他会要求你必须要按他的意思去做，只要领导的方案不会让你犯错，并成为替罪羊，下属就应该坚决执行。

● 有些事情对于领导来说意义不大，没有价值，他并不关心，对于这些小事，下属应该自己处理好，不要给领导添麻烦。

● 有些事情的重要程度比较高，领导不放心我们做，那我们就应该积极地提供一些善意的意见，供领导决策参考。

5. 汇报工作失误

如果自己的工作出现了失误，没有人会拿出来大肆宣扬。但是，有些下属在处理失误时的“低调”程度让领导咬牙切齿：不是费尽心思地隐瞒，就是极力地开脱责任。

5.1 报喜更报忧

事情会在拖延的状态下变得越来越糟糕，领导的脸色也在我们的解释下越来越难看。这些下属根本没有意识到，领导只想听你说三句话：

“我承认我做得很失败，这是我的责任。”

“我会尽力弥补损失，挽回局面。”

“我会记住这个教训，不再犯同样的错误。”

一家权威咨询机构就这样一个问题对100位职场白领做了一个调查：“如果你发现了一个自己的失误，但你的上司暂时还没发现，你会怎样处理?”

57.6%的人选择了“尽量自己处理，如果处理不了再告诉领导”，21.5%的人选择“视当时的情况而定”，15.4%的人会“将事情及时通知领导”，5.5%的人选择“不知道”。

看来，人们还是更倾向于先隐瞒实情，等到事态严重了以后再向领导汇报。对此，许多白领解释道：“如果一点小错误都不自己解决而要报告领导，岂不是显得一点能力都没有?”

这是一个明显的误区。将自己的失误汇报给上司并不意味着这件事情不用由我们亲自解决，我们必须为自己的错误负责，自己收拾残局。但是，向领导汇报的过程是不能省略的。这个看起来多此一举的行为，恰恰是领导用来衡量一个下属是否负责，是否能够承担大任的标准。

一般来说，当下属犯错误时，无非会用三种方式来应对，而领导对这三种应对方式的评价也不同。

● 如果一个下属犯了错误还浑然不自知，领导会委婉或直接地向他提出来。对自己的错误认识不清，有经验不足的原因，也有过于自负的原因，领导对前者会比较宽容，而对后者则无法忍受。

● 如果一个下属犯了错误立刻向领导汇报，并且在汇报过程中积极寻求改善方案，领导在震怒之余也会感到安慰："毕竟可以在第一时间应对，损失也不会太大。这个员工也是知错就改的人，让他戴罪立功吧。"

● 如果一个下属犯了错误之后遮遮掩掩，生怕领导发现，而领导质问起来还百般辩解的话，领导会对他失望透顶："解释就是掩饰，为什么不能面对现实？犯错误是可以原谅的，但这种逃避的态度让人无法原谅。"

将工作中的小失误及时地向上司汇报，看起来似乎有点多此一举，但当你时刻注意了这一细节，并养成一种习惯之后，你就会获益匪浅。这样，当你遇到靠自己的能力无法弥补的工作失误时，就会得到上司的谅解，上司也会竭尽全力地帮助你。

周春是万律师的助理。一天快下班的时候，他为万律师整理明天将要开庭重审的一个案件的资料，突然发现自己犯了一个大错误：自己没有把当事人的一份文件准备好。

其实，这份材料是周春在一个星期之前就已经要求当事人提供的，并且要求当事人在两天之内传过来，当事人却忘掉了，而周春说完这件事后就去忙别的事情了，也把这件事忘在了脑后。

因为案子明天就要开庭重审，而万律师已经回家休息了，周春立刻给当事人打电话，但当事人的手机不在服务区内，总是拨不通，这让他更着急。

虽然天色已经晚了，但周春还是给万律师打了电话，将实情告诉了自己的领导。周春平静地向万律师道歉，并告诉领导说：“我打算今天晚上亲自去当事人家里取文件，明天早晨直接拿到法院，肯定不会耽误明天的开庭。”

万律师同意了周春的做法，并且给他提供了当事人妻子的电话，让他尽快联系，约好时间，以免赶过去还扑个空。末了，万律师叮嘱了周春一句：“别着急，注意安全！”

终于，周春在当事人的家里拿到了文件，虽然忙完后已经过了晚上十点，但一想到明天开庭时不会束手无策，周春还是感到很高兴。

工作当中一条基本的原则就是要让我们的领导保持消息灵通的状态。无论你完成了什么工作，遇到了什么问题，都应该随时让领导对这些状况有所了解，不论是好消息还是坏消息，都要及时汇报，不能“报喜不报忧”。不论错误是不是因你而起，都要诚实地告诉领导，永远不要心存侥幸。

5.2 别做“职场鸵鸟”

职场中的“鸵鸟心态”是非常危险的。

面对问题，却像鸵鸟一样把脑袋扎进沙土里，心中默念：“你看不见，看不见我，看不见我……”

这样的员工恐怕认为，只要过一段时间，困难都会自动解决，危机也会自行离开。

而实际情况是，危机没有走，它反而被“拖延”和“逃避”这两种食物喂养得越来越强大，最后，是领导的一声断喝惊醒了幻想中的可怜人：“事情怎么变成这样？”

是啊，本来是一件小事，最后却发展得不可收拾。相关人员也不得不灰头土脸地面对领导的责骂。

当工作中出现问题的时候，“这可如何向领导交代?”可以说是最正常的心理反应。下属们总是情绪化地顾忌着领导的不良反应，而没有把精力放在汇报问题和解决问题上。实际上，第一时间勇敢面对，也是让我们有勇气解决问题的“强心针”。

美国地产大亨川普被人们称为“创造奇迹的魔术师”。在20世纪90年代初期，因快速扩张加上经济不景气，使他的企业面临着倒闭的危机。当时川普负债高达数十亿美元，投资商焦头烂额，媒体和民众都在等着看川普的笑话，看他究竟会如何应对这巨大的危机。

川普并没有像人们预测的那样逃避问题，他选择在第一时间主动面对所有金融机构。川普邀请银行团见面，提出了冻结还款五年的计划，并且恳切地请求银行家们继续支持他，他告诉各位，如果继续投资，企业会回报长远的获利，但如果他破产，在座的所有的人都将受害。

川普再一次创造了奇迹，他在几乎不可能的状态下得到了金融机构的支持。而在五年的调整改善之后，川普现在又是美国知名的富豪，他兑现了与银行的约定，没有人受害，每个人都是盈利者。

川普一生中曾经遭遇多次危机，但他“第一时间，勇敢面对”的态度总能让他逢凶化吉，这是危机处理的黄金法则，也是让他跻身于超级富豪的法宝。

这是一个经典的危机处理案例，对于其中的玄妙，只有简单的一句话：第一时间，勇敢面对。

危机随时都在发生，正确地处理危机也是每个职场人必须学会的技巧，成功的人，都是历经危机之后更加强大茁壮，失败的人，通常是在危机中覆亡。遭遇问题之后，如果忽视逃避，等到事态发展到很严重时才开始想办法急救，通常大祸已成，无力回天。

如何成为一个不逃避问题，勇于面对危机的人呢？其实方法非常简单，只有两个步骤：首先问问自己最不愿意承担哪项任务，然后把大部分的时间和精力分配给被我们排斥的任务。

● 根据潜意识的选择反其道而行之。

如果同时有好几件事要做，那些我们很想做或是喜欢做的事，通常是容易做的事；而不想做的事，通常隐藏着困难，包含着危机。而逃避问题，最常见的方法就是忽视它，或者认为它根本没问题。

● 把更多的精力和时间放在心存排斥的任务中。

内心的直觉和潜意识不会欺骗我们，向它们征询答案之后，就应该重新安排我们的工作时间，在第一时间优先处理内心中不喜欢的工作，花最多精力去面对最不想面对的问题。因为这些工作通常代表着问题与危机的隐患。

6. 向领导提出请求的原则

请求不是随便可以向领导提出的，提出请求要遵循一定的原则和要求。

6.1　提请求要讲原则

从总体上看，汇报是客观的陈述，如果做不到这一点，至少也应该是中立的说明。换句话说，汇报是不带个人倾向性的，是不能掺杂任何个人情感问题的。但有一类问题则例外。比如，与你关系较好的同事犯了错误，按公司的规定必须辞退，但你希望公司将他留下，或者你希望自己被调到一个更能发挥自己才能的岗位上等等，这时，你必须按照自己的原则去阐释自己的意见，并希望领导做出你所期望的决定。这是什么？这叫请求！

所谓请求，就是领导按照自己的意图已经做出判断或试图保持某种状态不加改变，而你却从个人情感和需要出发，对其展开的说服性陈述。这是一项艰难的工作，但也是职业生活中不可避免的。

有一点情况是客观存在的，那就是领导也经常会做出不恰当的决定。当某些决定不符合客观事实，或者是将客观事实扩大化、轻视客观事实而造成某些潜在的危险或不利情况时，领导未必能够察觉。这个时候，向领导提出更改决定的请求就是非常正当的。还有就是，如果对某些人与事你们存在着一定的理解差距，而又无客观证据证明谁对谁错时，你希望自己能够说服领导接受你的意见，这种说服性请求也是正当的。但无论是何种情况下的请求——包括个人私事上的请求，都应该遵循下面的几条主要原则。

6.2 无害原则：所请求之事无论对单位还是对领导个人都是无危害的

如果你所做出的请求，在领导批示后会产生某些负面效果，比如留住一个人或者是保留某些业务，都可能造成严重的财务投资分散或者是管理漏洞的存在，那么这种请求是无法得到领导的认可的。

更重要的是，做出这项请求本身就犯了一个巨大的错误。你必须确认你的请求是无害的。这是底线。

换句话说，请求的内容在你做出请求之前，你已经有了完整的判断，这个判断的标准有两个方面：

其一，如果领导批准了这项请求，它的结果对单位的发展是无害的。

其二，如果领导批准了这项请求，它的结果对领导本人也是无害的。

如果你忽略了这两条底线规则，那么任何请求都会让你与领导的合作关系陷入尴尬的境地。

6.3 有利原则：所请求之事必须是具备可行性的、有利的解决方案

如果某件事情确实存在着客观的问题，且领导已经作出了相应的决定，而你需要更改领导的这项决定，那么只有一个办法：你必须让领导相信你的想法更可行、更有利。

很多时候，当我们向领导请求某事的时候，我们总是会忽略领导背后的心理考验。比如，当一个项目遭到领导否决后，你希望领导重新考虑他的决定。但这个时候你是否了解领导对这件事在心理上有何感受？很多时候，我们会发现，领导之所以否定一件事情，其原因更多在于其中的某些管理风险，也就是做这件事的人是否有这个能力把他做好，而不是这个项目是否可做。在这样的情况下，你必须转换思路：

你的请求必须是可行的一整套方案，并确保这一方案朝积极有利的方向执行——这就是所谓请求的支持性计划。

无论是对人还是对事，想让领导更改决定时，都需要把风险计算在内，然后明白无误地告知领导：你有可行的策略规避风险，并获得积极结果。

6.4 积极原则：所请求之事对整个事情的健康发展具有积极

所谓积极原则，不是说事物当下的积极性，而是从事物发展的长远眼光来看，也就是发展上的积极性。当你做出一项请求时，必须保证当下是无害的、是有利的——做到这一点就成功了一半。但是，你同时必须确保在未来的变化中，这种请求是会促使事物朝向积极方向转化的一种动力。

比如，某项业务当下的盈利水平一般，符合无害和有利（利较小）原则，但领导从健全业务模式的角度出发做出舍弃此项业务的决定，这时，如果你要求保留，你就必须确保这项业务在领导设想的业务模

式中有更大的价值回报，可与未来业务的发展互补为一个完整的业务模式，并产生较大的业务盈利率。如此，你提的请求才是正当的，也才是可能获得领导接受的。

6.5　情理原则：所请求之事合情合理，不涉及道义上的障碍

所谓合情合理，意味着你的请求内容既是法律法规、单位的管理制度允许的，同时也是符合人情原则的。举个简单的例子：

一个人如果目无公司制度，严重侵犯单位的管理规定，这就是不合理。单位的管理就是建立在维持这个"理"字上的，没有这个"理字"，单位就是有组织无纪律。

而假如这个时候，你去请求撤销对这个人的处罚，那就是违背了"理"——更进一步，如果你是从私人感情的角度出发对他进行辩护，虽然符合你的私情，但违背了公义上的"情"，同时你还会让他人觉得领导是照顾你的私情，这对他人而言是不公平的，也极不利于领导下一步工作的展开。所以我们说，对领导的请求必须合情合理。

总的来看，上面四条原则是任何一项请求都必须遵循的，这样的请求才是建立良好合作关系，并达成融洽合作状态的请求方式。

7. 请求时机决定结局

在与领导谈判的时候，选择一个合适的时间和地点异常重要。

7.1　提出请求的时机很重要

如果是正式的汇报，办公室、会议室等常规的地点就可以满足需求。而要说服心有戒备的上司，这些常规地点就不一定是合适的地点了。要想达到目的，下属应该另辟蹊径，选择一些非正式的场合与上司沟通，达到出其不意的效果。

在一个秋高气爽的日子里，公司为员工举办了秋游活动。一路上，许久没有“放风”的年轻人谈笑风生、蹦蹦跳跳，一扫平时办公室中的沉闷气氛。

公司老总也是一个喜爱郊游远足的人，在爬山时，他风风火火地走在最前面，与下属们一起谈笑聊天。行政人事经理周燕看在眼里，也找了一个机会，和平日不常碰面的老总聊天。

老总看到周燕，关切地问候道：“最近辛苦你了！这个活动你组织得很好，咱们以后就应该多组织一些这样的活动，既锻炼身体，又增进交流，一举两得。”

“谢谢您的夸奖！这也是行政人事部应该做的事情。”周燕听到领导的夸奖，稍微有些不好意思，显得有些拘谨。

“别那么拘谨，这里是户外，今天咱们的任务就是充分放松。”老总爽朗地大笑。周燕也消除了紧张，渐渐地放开了。与老总并肩爬山，边走边聊。

说到组织活动的过程，周燕对老总说：“您知道吗，我跟我们部门的几个同事说要组织秋游，他们特别高兴，积极地出谋划策。我就觉得，公司应该多组织这样的集体活动，如果户外拓展训练花费太高，哪怕是租一个球场组织羽毛球比赛都好，这个花费并不高，还能让大家锻炼身体，激发竞争意识和团队合作意识。”

“你这个主意太好了！”喜欢打羽毛球的老总拍手称赞：“不妨让定期活动形成一个制度，坚持下去，一定会收到很好的效果。”

试想一下，如果周燕在办公室中向领导申请举办员工活动，很可能会遭到老总的拒绝：“最近公司业务比较忙，资金也比较紧张，还是等过段时间再说吧。对了，储备经理招聘项目做得怎么样了？”一旦被领导转移了话题，我们的请求就会像泥牛入海一样，杳无音讯了。

7.2 选择对自己有利的请求场合

在心理学中有一个“主场效应”，说的就是人在自己熟悉的环境中比较放得开。根据这个心理效应，你就会发现许多优秀的业务员通常都会把客户请到自己的公司中谈业务，因为公司就是他的“主场”，在这里，他的安全感十足，发挥也会更出色。而客户一旦置身于不熟悉的环境中，就会不由自主地感到拘束、紧张，进而让业务员有机可乘。

而在与上司沟通的过程中，下属要想瓦解上司的顽固意志，就必须把领导从他的主场中“拉出来”，不要再用老一套的程序敲门、走进办公室、坐在上司对面，这样的固定程序会让领导产生思维定势。而当领导离开了熟悉的办公室，也就不容易用惯常的态度来对待下属的要求。所以说，谈判地点的选择大有玄机，要根据不同的情况选择正式或非正式的地点。

7.3 选择对自己有利的请求时间

心理学家在百货商场中做过一项调查，他们发现，通常情况下，一天当中，下午的商品成交量比上午高出很多。通过进一步研究后，心理学家将一天中上午的时间称为“理性时间”，下午的时间称为“感性时间”。也就是说，上午的时候，人们受到逻辑思维的控制，而到了下午，人们则更容易被感性的气氛打动。上午时，人们格外冷静，会用客观的眼光观察商品，也把钱包捂得很紧，因为此刻他们的头脑中充满了理性，不会头脑发热乱买东西。

而不管多么理智的人，到了下午就变得不清醒了。因为他的思维方式已经转换为感性模式，所以会把手伸向原本根本不想买的商品。

根据这个原理，如果上午与领导谈话，下属应该尽量表现出理性的一面，注重用数据和事例说服上司。到了下午的话，则要注重渲染气氛。甚至可以这样做：集中下午的时间向上司发动“请求攻势”，这样反而容易获得批准。像哀求战术、哭诉战术这类平常最好少用的办法，如果在下午时间使用，兴许不会被上司埋怨。

8. 有效请求与汇报的几种方式

请求与汇报是一门艺术。为了更有效地掌握这门艺术，下面我们摘选其中最重要的一些问题，作为本章实战训练的内容。

8.1 留意领导的心理反应，让领导有所准备

我们经常听到这样一句话：欲速则不达，意思是做什么事，都不能急于求成，否则会适得其反。与领导交往尤其如此，操之过急只能让对方感觉你不可靠、不稳重。

心理学上有一个著名的“登门槛效应”，它指当个体先接受了一个小的要求后，为保持形象的一致，他可能接受一项重大、更不合意的要求。换句话说，当我们试图向领导提出某项建议的时候，你必须从大处着眼，从小处着手。

大部分人不知道的是，你的计划、设想再美好，也有个起始验证的阶段。任何时候都想着往大里做事，其结果是永远做不好事，反而弄出一堆问题，最后会把所有的精力都留在收拾烂摊子上。所以，循序渐进地发展既是一种稳健的工作策略，也是一种沟通策略。

8.2 如何说领导才会更满意：让人身心愉悦的语言

无论是请求还是汇报，都需要用到语言艺术；也不管是口头语言还是书面语言，都有一定的规范性。

现在，我们总结了六个方面的语言要点，请你用你现实生活中听到、见到或经历过的事情进行对应的案例性补充。

● 按你自己的语言思路交流，还不如用领导的习惯性思维交流。

比如，有的领导干脆，喜欢三言两语概括性说明，有的领导比较细心，喜欢详细具体，对这两种类型的领导你不能按照自己的思路不加区别地对待。

● 大多数领导不喜欢听绘声绘色的描述，由于他们的工作繁忙，听取汇报的时间有限，他们也并非舞台下的观众或讲台下的听众，因而不需要过多地诱导，过多的形容词。所以，故弄玄虚往往会适得其反。

● 汇报或陈述请求内容时，语言的简洁是一个重要的问题。如何简洁？就是直接将结果放在前面，最多运用简单的铺垫。过多地阐释因果，会让领导不厌其烦，要尽快地触及事情的核心和要害。

● 只需要原原本本地把事情说出来即可，不需要武断地下结论，作评判。先将情况说清楚，再适当评议，提出自己的看法，这样既便于自己在叙述事物的过程中，自然地从感性到理性，步步深化认识，使语言结构更趋准确，避免因评议在前使上司先入为主形成心理定势，影响其正确判断。只有等双方都对事情的原委有了准确的认识之后，你再提出你对事情的看法，并就此与领导展开讨论和交流，这是最积极的互动方式。

● 你必须确保你的汇报是层次清晰明了的，任何时候都不要用混乱的、前言不搭后语的方式与领导交流，这会大大降低领导对你所言的认可度。所以，你必须在汇报之前就打好腹稿，对可能要交代的问题想清楚。如果没想清楚，那就学着倾听别人的话。

● 有的人为了更好地组织自己的思路，通常都喜欢写发言稿或汇报报告，在汇报的时候便照着稿子念出来。遗憾的是，这种方式既显得拘谨，又缺乏情感波澜，难以强调重点，容易使人厌倦。最好的方法是，依据稿子的思路，有层次、有重点地进行解说。这样创造的沟通效果和给人的印象会更好。

8.3 书面交流（汇报和请求）的艺术

一年半前，M起草了一个公司劳动用工制度的文件，用邮件发给领导，等领导签字同意后执行，但这个文件至今没有结论，使得公司员工的工资、福利与考核等一直不能得到有效落实。由于用工问题没有正式落实，员工意见比较大。迫于员工压力，M第四次向领导发邮件。

上面是很多人常用的交流方式。但是，为什么M迟迟得不到良好的效果？

良好的书面交流必须具备下面的特征，满足相应的要求：

● 标题醒目、主题明确：确保标题传达主题的重要信息。

● 客观真实：不要掺杂个人的主观观点，只记录事实。

● 先定后论：先提出结论，然后再按照“经过——理由”的顺序书写。

● 汇报要简洁明了，尽可能删减繁杂的内容。

● 层次清楚：重要的事情要列出标题或者分项写明。

8.4 引入话题的技巧

很多人在与领导交流时，往往会出现话题引入障碍。也就是，当你们处在某种闲聊或就其他话题讨论的时候，很难将话题真正引入到你自己想交流的那个话题上去。

就我们长期以来的职业咨询经验，现提出以下几点要求：

● 促成一种情绪高潮：保证心态的开放性。

人的情绪受各种因素影响，就算你知道了领导重视的东西，你也要学会先把领导引入一个轻松的状态，领导心情高涨，其心态处于开放性，就容易接纳你，你就可以轻而易举地导入正题。

● 耐心引导：确保前后交流信息的联系性。

从领导感兴趣，即领导看重的东西谈起，使领导不断地做出肯定的答复，但要注意这些话题一定要与你的目的有一定的联系，使领导在心理上与你越靠越近，这样，离你要达到的目标也就越来越近了。

● 见机行事：学会使用转折语句。

在上面两步的基础上，抓住时机，及时点题，让领导自然地接受你的问题。这里需要学会使用转折词，例如，不过、如果、可是等。无论是与其他人交往还是与领导交往，都是一种心灵上的沟通，只要你能好好运用这些心理策略，你也会成为领导得力的左右手。

● 讲究时机和方式，尊重领导的心理感受。

上节已论述相关内容，此处不再赘述。

第六章

向领导的参谋角色转变

不是只有领导才是决策者，如同管理大师彼得·德鲁克所言："任何具备独立行动要求，需要对自己结果负责任的人都是一个决策者。"在我们的职业生活中，决策素质既是做好本职工作的基本要求，也是与领导协同合作、共同解决问题的重要职业素质。

聚焦：你知道问题在哪里，怎么办吗

赵某是一家大型集团公司下属子公司的部门经理，在工作上比较认真负责。但赵某经常觉得自己是夹在上下之间，两头都不够理解自己，因此很多时候感觉比较苦闷懊恼。

最近有一件事又让赵某有了这种感觉。最近这家公司决定采用最新的合同审批程序，那就是采用新引进的一种管理软件，合同被放到了这种软件系统中审批。但是不知道这种软件是技术上还不成熟还是其他什么原因，经常会出现各种各样的问题，而且流程经常变更，反而给员工工作带来很大不便。

员工们怨声载道，而直接面对员工抱怨的就是赵某。赵某也多次向自己的领导反映过这个问题，但都没有得到有效的答复。

赵某很苦恼，不知道自己哪里没有做好，所以又决定给领导发一些邮件，邮件最后表达了自己恳切地希望领导能帮助解决问题的愿望。

第二天，领导将赵某叫进了办公室，问道："你想领导怎么帮你解决你邮件上所写的问题?"赵某一下子懵了，原来领导一直不明白他要领导帮他解决什么问题。赵某其实是想自己的领导能再向集团公司总部反映问题，但多次提到这个问题时却没有明确指出想让领导帮他解决什么问题，只是笼统地说希望领导帮自己解决问题。

赵某也似有所悟，自己平时之所以觉得难，也许正是因为很多时候根本没能清楚表述问题所在，所以才会有这么多懊恼。

上面这个案例中，赵某发现了问题所在，但却不能很好地表述清楚问题，因而导致了领导的不理解和不作为，最后也成了自己的苦恼。现实工作中一线的员工经常能更早地发现问题所在，如果及时告知领导，往往能得到领导的器重。本章中我们将就如何帮助领导发现问题进行探讨，具体有以下几个方面：

（1）如何描述清楚问题？

（2）如何善用自己的思维和避免思维的误区找到问题所在？

（3）如何帮助领导抓住问题的本质？

1. 清晰地描述问题

清晰地描述问题，相当于做出了一半的决策。

1.1 决策之前必须清晰地描述问题

在一个咨询项目中，一位领导非常痛苦地对我们说："我发现要找到一个真正能够跟我合上拍的下属，太难了！"这句话，也许说出了很多领导的心声。什么叫"合上拍"？简单点说，就是我们的思维与领导的思维能够形成一个有效的合力，而不是发生思维冲突。

本章的内容将重点讨论个人决策素质的基本内容及其相应的培养方法，在此基础上指明如何充分发挥我们的决策能动性，为领导提供相应帮助，促进合作关系的进一步深化。

需要注意的是，不是只有领导才是决策者，如同管理大师彼得·德鲁克所言："任何具备独立行动要求，需要对自己结果负责任的人都是一个决策者。"在我们的职业生活中，决策素质既是做好本职工作的基本要求，也是与领导协同合作、共同解决问题的重要职业素质。

而决策不力在很多情况下是因为没有清楚认识问题，或者聚焦错误。正确地定义问题是成功的前提。决策的起点是对问题的定义，或者说如何定义问题。弄清楚了要解决的问题，答案很可能就显而易见了。

当然，这并不是说，弄清楚了问题的实质，所有的问题就可迎刃而解，或者轻而易举地就能获取问题的答案。毫无疑问，有些问题，不管了解得清楚与否，都无法得到解决和处理。这里所要强调的是，在很多情况下，决策不力往往是因为没有真正清楚地认识事情的真相，或者没把决策的焦点聚集到最重要的问题上去。所以，为了保证决策正确，我们要描述出事情的真面目。

1.2　问题是什么：问题的事实性描述是决策的起点

一颗螺丝钉掉到了车间的地上，生产主管发现后，问地上为什么会掉一颗螺丝钉，是哪台机器上的螺丝钉，是哪个人掉的，为什么会掉，还责问工人为何不节约，清洁工为何打扫不干净……

对待一件事情，你很有可能会产生好几种不同的疑问，这些问题就会作为你决策的起点，所以我们必须描述出所有的问题。

下半年公司销售区域要扩大到西北地区。为此，公司任命三个销售精英来制订市场扩张计划。但这三个人现在不在一块，一个在北京，他是公司这个决策的组长，一个在深圳，还有一个在郑州。为了尽快制定出最终决策，组长希望召开三个人为期一周的会议，于是叫自己的手下帮他完成这件事，但是助手经过多次联络后发现，最近一个月内三个人都无法聚集在一起呆一周。于是助手就开始问一些问题。

假若你是这个助手，你会问什么问题呢？

1.3　领导的决策障碍：问题从哪里来

如果我们是上面这个组长的助理，正确而有效的做法应由四个要素构成，换句话说要达到四个方面的要求：

- 其一：将其他两个人为什么无法聚在一起的真实原因弄清楚。

● 其二：如果他们聚集过来，会造成怎样的损失？损失有多大？这些问题也要弄清楚。

● 其三：将这些问题的真实信息反馈给组长，供组长定夺——这就是对领导决策的信息支持。

● 其四：最佳表现是，问清楚组长是否必须要聚在一起讨论问题，如果你能提供一份解决这个问题的替代性方案，那就把这份方案报告给领导。

大多数领导并不掌握具体的业务情况，他们更多倾向于宏观性决策和指导，但这种宏观性决策又不能脱离业务现实。所以，我们清楚地知道领导的宏观决策与现实业务之间存在一条鸿沟。填补这条鸿沟，恰恰是下属应该做的工作，其具体要求就是给领导提供真实的信息和建议。

1.4 下属要确保信息准确、全面

领导掌握的信息应真实、全面且深入，如此方能做出准确决策。而下属在此过程中，也有相应的行为要求。

● 保证信息的真实。

无论是你建议领导做决策，还是领导个人自主决策，你都应该主动而且深入地考察领导所作决策背后的信息依据，保证这些信息是真实的。

● 保证信息的全面。

尽管某些信息可能是真实的，但也许是不全面的，这就容易让决策成为基于片面事实的结论，而其结论显然也无助于真正地解决问题。我们知道，有些事物是相当复杂的，片面的论断容易将事情的处理带入危险的胡同。

● 保证信息的深入。

也许某些信息是真实的，也是全面的，但未必是深入的。比如，

你的领导听说了你两个同事在办公室争吵的事，他可能了解事情的来龙去脉，整个事情的发生经过都很清楚。但是，这中间是否还存在着两个人的个人问题，是否还存在着更深的情绪化问题？这些深入的信息显然更有助于领导做出科学合理的判断。

一次真正有效的决策的信息要求，必须符合真实、全面、深入三个方面的特征，否则决策结论往往会走入误区。真正善于与领导合作的下属，必须时刻关注领导做出某项决策的信息质量，并就此对领导展开协助。

2. 帮助领导权衡现实与理想

一项决策的制定必定指向事情需要达到的状态。换句话说，我们之所以制定决策，是因为我们需要实现某个目标。从领导的心理规律来看，当他做出一项决策时，他都会界定出目标状态。但是，目标确定得是否合理？这是一个很重要的问题。

2.1 现实与理想的鸿沟：合作中的显著障碍

我们常常发现，当领导界定一个目标之后，很多人总是没有达成这样的目标，并由此产生非常严重的职业交往障碍。要解决这个问题，就应该在我们参与领导决策的过程中认真地区分理想目标和现实目标。

“二战”期间，美国作为盟军的大后方和军火生产基地，担负着沉重而艰巨的军火生产运输任务，美国为了把军火尽可能多地运往西欧前线，就租用了大量的商船运载军火。同时，负责这些商船的美国海军指挥官，还在商船上安装高射炮，用来射击空中敌机，增强战斗力。但是，过了一段时间，指挥官发现，这些高射炮的战绩很令人失望，竟然没有击落一架敌机。于是，海军指挥官决定拆除商船上的高射炮。

针对这一问题，商船运筹小组研究后发现，在商船上安装高射炮用来击敌是指挥官的理想目标，是不妥当的。

虽然安装在商船上的高射炮没有击落一架敌机，但它吓跑了敌机，从而减少商船的损失，保证了军火供给，这正是租用商船的真实目标。美国海军指挥官看了下级交上来的报告后，否决了“不在商船上继续安装高射炮”的决策，而继续在商船上安装高射炮的正确决策，保证了盟军的军火运输。

把理想目标与现实目标区分开来，是决策中最务实的做法。简单地说，现实目标是具备充分的现实可行性的目标，也是必须保证完成的目标。事实上，很多人常常犯一个错误，那就是经常在行动之前把各种目标远景描绘得有声有色，对领导给定的目标也毫不犹豫地表示支持。但是，当我们如此毫无根据地表示支持过后，其最终的结果往往并不能够让领导满意。

这事实上造成了一个非常被动的局面：下属努力去实现领导确定的目标，付出了巨大的努力；领导没有掌握真实的情况，也无法就此提供更多的帮助，最终导致工作一个接一个步入差强人意的状况。这是一种极为不利的情况。必须记住的是：我们不应一味地迎合领导的喜好，我们的职责是帮助领导做出现实层面最有利的判断。而诚实地界定自己、诚实地界定自身确实能够达成的目标是一种职业美德，也是你获得信任的基础。

2.2 务实解决问题：反馈真实信息，争取支持和条件

当你界定出完成某件事情的现实目标之后，并不是一味地向着现实目标努力。一个人既要脚踏实地，也要心存高远。所以，如果领导给出的目标是你客观上无法完成的，那么你一方面既要向领导提供足够的信息，给自己的领导作判断，另一方面你也应该突破自己的思维

定势，描绘理想目标实现的可能性。

在处理与领导决策目标的分歧时，你需要充分把握以下要素：

● 描述现实条件。

充分地论证决策目标的现实执行条件，可以有效地避免决策过程中的盲目冒进心理。但是，如果领导定的目标过高过大，通常不是因盲目冒进，而是对现实条件掌握不够。因此，下属最重要的职责就是提供现实条件的分析数据，比如人员素质、队伍人员结构、时间分配要素等。当下属将这些情况清晰地呈现在领导面前时，通常能够有效地化解个人与领导的决策冲突，达成一致。

● 描述目标差距。

所谓目标差距是指现实条件与领导的目标之间存在的差距。比如，领导要求下半年销售额提高一倍，但从各方面来看，销售队伍如何努力，最多也只能增长50%。这中间就还存在着50%的差距。界定目标差距时，要充分地论证差距的原因，比如人员问题、产品线问题、市场布局问题等，以供领导参考，并在此基础上调整自己的决策内容。

● 描述支持条件。

如果领导确定的目标本身是合情合理的，而现实条件也可以获得改善。那么，我们对领导的决策协助就不是要求领导考虑目标的合理性，而是充分地列出完成目标的前提条件，从而获得领导的支持。这方面的技巧可以参见本书第四章向领导做出请求的相关规则和内容。

从总体上看，无论领导做出怎样的决策，下属的义务就是就问题本身提供给领导准确、全面和深入的信息，确保领导的决策是现实而又可行的，在此基础上，我们才能更深入地与领导建立积极的合作关系。

3. 用经验和直觉开启创造性思考

与领导的协同决策，显然也涉及到我们对问题的洞察力和解决能力。解决问题是一个从发现问题到解决问题的逻辑过程，而对问题本身的洞察力和解决能力也是一个不断修炼、永无止境的过程。

3.1 利用直觉，同时要避免心理陷阱

无论是领导还是我们，在解决问题的过程中总会犯下错误——即使我们让自己处于极度理性状态，做最细致的思考，也无法避免犯错误，因为影响我们犯错误的因素来自我们本身，是我们自己的思维出现了问题，欺骗了我们，让我们无法看清事情的本质。心理学家把这称为决策的“心理陷阱”。突破心理陷阱的前提条件是我们必须充分认识到我们对判断和决策的认知方式，并在此基础上扬长补短，形成一套属于自己的科学合理的决策思维体系。

一般来说，直觉来源于对事物的本能反应，是一种不受某种固定的逻辑规则约束而直接领悟事物本质的思维形式，它是人脑对于突然出现在面前的事物、新现象、新问题及其关系的一种迅速识别、敏锐而深入的洞察，以及直接的本质理解和综合的整体判断。简言之，直觉就是直接的觉察。

直觉既是我们可以利用的一种思维决策方式，同时也是我们在决策过程中必须克服的一个重要心理陷阱。

3.2 直觉思维的特征

由于直觉思维来自于直接的观察和判断，因而直觉思维常常是我们思维过程中的第一反应。比如，当我们发现客户与竞争伙伴洽谈的时候，我们的直觉总是会告诉我们这个客户流失的可能性，我们将进

一步采取行动。概括起来说，直觉思维有其显著的特征，体现在以下几个方面：

● 直接性。

直觉思维不是通过一步步理论分析或模拟实验得出来的认知成果，它是通过我们的大脑在经验感知的基础上，对事物进行综合感知而产生的。因而它来自于对事物最直接、最直观的感受，并在这种感受上直接形成认知结果。

● 跳跃性。

因为直觉思维并非一步步的理论分析，而是直接的感知，因而它没有中间环节的论证分析，它的产生甚至是超越逻辑的。直觉的跳跃性意味着它也成为一种创造性，如牛顿看到苹果，便创造性地设想地球具备吸引力就是一个典型。直觉思维一旦出现，便摆脱了原先常规的束缚，从而产生认知过程的急速飞跃和渐进性的中断。

● 个体性。

每个人的直觉思维都是不一样的，这是因为直觉建立在个人的知识水平、经验感知基础上，而个人的知识水平、经验感知总是存在着巨大的差异。从这个意义上来说，直觉是个体的主观判断，是思维个体的综合思维显现。

● 坚信感。

当我们以直觉方式得出某个结论时，我们通常会表现出一定的坚信感，这是因为我们直觉产生作用的时候，我们的理智是清晰的，我们的目的意识也是明确的，它不像一般的情绪冲动，因而我们总会坚信我们的正确性。这样的好处在于我们会因此坚定信念，坏处在于我们会陷入盲目自信的误区。

3.3 善用直觉思维，让直觉成为决策力量

从客观上来看，没有人能够完全依靠自身的直觉思维得出最佳的

思维成果，但直觉思维是我们发现问题，同时着手进一步验证分析，寻求解决方案的起点。在与领导的合作中，直觉思维也常常能够成为我们弥补逻辑思维的不足，并与领导的主观经验互为补充，从而得出一致结论的一种重要方式。

那么，如何在职业生活中运用直觉思维的影响力呢？

● 创新方案。

在科学发现和发明中这种直觉创新的例子很多，如中国古代的名匠鲁班就是受割手的丝茅草的启发而发明了锯子，牛顿也是从苹果坠地找到了解决引力问题的线索等等。创造性解决问题既是你职业生活中价值的最大化体现，也是你替领导分忧解难的一个重要措施。

● 直觉互补。

在许多决策情况下，外界提供的信息是有限的，而且会存在许多信息空白点，单凭这些有限的信息很难做出一种判断，这就需要求助于直觉的想象，才能形成一个大致的判断。但是这种判断未必是合理的，所以当我们用直觉思维的时候，我们通常需要多方进行直觉补充——这就是为什么领导总是会召集大家进行“头脑风暴”的部分原因。你应该善用这样的环境，为领导提供帮助，但前提是，你必须具备运用直觉思维的能力。

● 分析验证。

在一个直觉决策形成后，下属最重要的工作就是进一步去分析验证它。由于直觉是个体知识经验的综合感知和判断，因而它总会存在着大量的或细节或关键点的不合理，因而，下属需要充分地运用实践验证的手段修补这种不合理之处，最终形成有效的行动方案——这是规避决策风险的重要措施。

真正有效的直觉思维在职业生活中会产生巨大的作用，其根本原因就在于直觉思维的创造性。但是，当我们以一个决策辅助者的角色参与领导的决策过程时，我们既要表达我们的直觉认知，也要尊重领导的直觉判断，要采用科学合理的办法协助领导形成完整而又科学的问题解决方案——这是我们应尽的义务。有关如何培养直觉思维或其他创新思维的问题，我们会在后面的训练中加以说明。

4. 不要做一个因循守旧的人

一个问题、某项任务是否能够得到有效的解决或完成，根源在于我们的思路，而我们的思维最容易犯的错误就是因循守旧，这是一种惯性思维。生活中，每个人都在不同程度地被自己的惯性思维所左右。这主要是因为人们相信经验，害怕改变，担心这种改变会为自己带来不必要的麻烦。

4.1 因循守旧，会让我们失去行动的能力

真实的情况是：只要你愿意，任何一切都可以换成新的、好的，但前提是首先要改变自己的思维。当人的思维形成定势之后，很难马上变换成另外一种新思维，人的头脑往往会被习惯性的思考方式锁住。一旦人们能够从充满局限性的思维模式中解放出来，奇迹就会发生。

下面这个案例生动地诠释了因循守旧思想对我们的现实阻碍。

德国19世纪的“铁血宰相”俾斯麦当年出使俄罗斯时就听到过一个故事。有一天俄罗斯的亚历山大大帝在皇宫中散步，走到皇宫的花园中，看到一个士兵笔直地站在花园的旁边。他觉得十分奇怪，就问那个士兵：“你站在这里干什么？”士兵回答说：“这是命令。”亚历山大大帝又问其他人，没有一个回答上来。他觉得非常奇怪，就命令侍从继续追查。最后从一个知情的人那里找到了答案。

原来很久以前，还是叶卡捷琳娜女皇执政期间，她有一个冬天的中午在花园中散步，发现花园中盛开着一朵十分美丽的鲜花，于是下

令派一名士兵守在那里，不准任何人采摘。这一命令从此就执行下来，尽管花早就没有了，但是站岗的士兵一直就这么站了几十年，成为了名副其实的“不守鲜花的士兵”。

只要你留心观察，就会发现日常生活中“不守鲜花的士兵”的现象到处都是。比如，一些人总是拘泥于某种行为模式，任何事情都遵守固定的工作流程，以至于各种问题都必须严格按照流程去解决。这种思维定势使得其实践活动中习惯性地忽略了思考的重要性，很少考虑现行的方法是否更有效、更合理。如果按照这种惯性发展下去，一定会出现创造性不足、效率过低的状况。这一理论不但适用于企业，更适用于人。突破因循守旧的思维定势，发展创造性思维对每一个人来说都是重要而紧迫的问题，

4.2 做一个创造性解决问题的人：留意思维阻碍

在任何一个组织中，因循守旧都是普遍存在的现象。外界的环境总是处在变化中，变化是永恒不变的主题，新问题会不断地出现。但是，因为因循守旧的影响，我们常常会发现我们在新问题面前无能为力。更大的问题是：为什么企业推进一项改革总是会存在巨大的阻力。其大部分原因也是因循守旧的心理状态的影响。因而，如果我们希望自己能够更大程度地协助领导解决问题，与领导共同面对新环境、新状态，我们要做的重要工作就是破除因循守旧心理，做一个创造性解决问题的人。

下面一些职业生活情景是我们必须加以留意的：

● 接受挑战。

领导布置给你一项创造性的新任务，你的第一反应是什么？大多数人的第一反应是：这个事情我没有做过。这种说法是极其容易让领导失望的。在领导看来，正是因为没做过，所以你更应该谦虚地去学

习、去适应挑战。如果你拒绝接受这项挑战，只能是一个原地踏步的人。

● 倾同思维。

当我们面对问题的时候，我们会不自觉地表现出对问题的大众化思维，比如我们会说："别人都这样做的，我这样做有什么问题呢?"真正的问题是：正是因为别人都这样做，所以你应该创造性地完成它。一个市场的再开拓、一个新产品的研发都需要突破这种倾同性，如此我们才有生命力。

● 怯弱心理。

改变总是会发生，变则通，不变则痛。大多数领导都喜欢那些迎着变化而上的下属，而那些在变化面前左右摇摆不知所措者，是不可能赢得领导的赞赏和认可的。但大多数人在变化面前，因为对未知的恐惧，总是表现出怯弱的心理，这种心理会阻碍我们与领导共同有效地面对问题。

我们可以理解的是，当一个下属在与领导共同面对问题的时候，如果能够表现出创造性和积极应对变化、挑战的态度，并能够充分地将问题解决好，这个下属通常会受到领导的器重。反过来的道理也一样，当一个人表现出怯弱而且因循守旧时，就会严重影响领导对解决某个问题的信心，这种心理上的不安全感显然会阻碍两者之间的进一步合作。

5. 谨防聪明反被聪明误

"机关算尽太聪明，反误了卿卿性命。"职场中，同样有很多聪明反被聪明误的现象。

5.1 人的常态心理

人一般有两种常态心理，第一，总是先不假思索地做了再去想为什么要去做；第二，总是被自己喜欢的事物所吸引，而忽略那些不喜欢的。这两种心理学误导我们只用已有的正确结果来作为决策的依据。比如，在我们陷入顾惜成本的陷阱的时候，我们也会收集一些肯定的证据，这可称之为自我证实陷阱。自我证实陷阱就是，心中对那个决定已经有一个倾向，于是我们就收集各种肯定倾向于我们的证据，对于逆向的、反面的证据就轻视、忽略掉。

5.2 慎重考察倾向性观点

想想下面这个案例：

当领导要求我们提高效率的时候，我们说“更重要的是质量”，而当领导强调质量的时候，我们会说“现在要提高效率”。这样的情况也是倾向性思考的一种表现。因为我们的大脑中，已经形成了关于质量与效率的两个概念取向，我们找到了无数的理由支持我们的结论。

心理体验1：如果你认为现在重要的是效率，你会找到哪些证据？

心理体验2：如果你认为现在重要的是质量，你会找到哪些证据？

心理体验3：如果你认为要将质量与效率平衡，你需要有怎样的证据？

任何一个决策，都不应该是片面的，我们对领导或者他人的任何决策也不应该有片面而又武断的看法。在自主决策、参与决策或者面对一项决策时，要认真地考察自己的倾向性观点，考虑是需要收集正面的、有利于决策的信息，还是为自己先入为主的观点找证据。要直面反对信息，对这些信息做出严格检测，要质疑已选择的方案，避开自己的局限。

6. 别让框架陷阱束缚自己的思维

心理实验表明，当同样的事情以不同的框架方式来表达时，人们会作出不同的选择。

6.1 突破框架思维有益于成功

有的时候，领导交代事情，往往因为一句没多加解释的话，我们就被局限在一个假设的框架里面跳不出来，一个本身有缺陷的框架，完全会破坏深思熟虑的选择，让我们不敢去探索一下这个框架本身是不是正确的，当然也就做不出最好的决定。

下面这个案例是典型的因突破框架思维而成功的例子。

一家韩国的玩具生产商生产了一种叫“抱娃”的黑皮肤玩具，它很黑很丑，销路一直不好，各种各样的广告宣传也没有产生效果。公司面临着大量的百货商场的退货单，几乎所有人都认为这是玩具设计的问题，换句话说就是从一开始设计这种玩具，就没有调研好，它的市场需求不大。

但有一个非常爱思考的年轻人注意到，百货公司里有一种身穿游泳衣的女模特模型，女模特模型有一双雪白的手臂。他想：假如把这种黑色的“抱娃”放在女模特模型雪白的手腕上，那真是黑白分明。有了这种鲜明的对比，说不定顾客会喜欢“抱娃”呢。于是他费尽口舌说服百货公司同意让女模特模型手持抱娃。让人意料不到的是，这一招产生的效果是如此之大，以至于那些从模特前经过的人都纷纷打听这一玩具哪里有售。由于营销方式奇特和市场反应巨大，最后大量的新闻媒体开始采访生产商，形成了一股“抱娃热”。

当大多数人认为玩具只能在玩具专柜上售卖，宣传也只能在各大媒体上进行的时候，突破框架的思维恰恰创造了巨大的差异化影响力。

6.2 突破框架思维的方法：跳出思维的盒子

框架思维是解决问题时可能的现实障碍，但并非不可改变。下面就是有意识地突破框架思维的有效方法。

● 拒绝框架。

不轻易接受框架，试着将同一事情和问题用不同的方法，从不同的角度表述出来，分析因为框架方式的改变而导致的原来事情的扭曲情况，更新自己的认识。

● 转换表述。

对事情的表述最好采用中立的方式，不要忘记你的目标，在表述中要关注最终结果，而不是关注过程中的诸多“问题”。所以，你的表述要包含你的目标，让自己的思维围绕着目标发散开来——这是有效的思维发散。

● 假设突破。

尝试使用几种不同的方式，用“如果……就……”的假设思考模式，重新设定问题或机会的框架，从不同方面考察问题或者机会，预见不同的结果。

● 调整框架。

在整个决策过程中，尝试问问自己：如果框架改变了，你的思路会有何变化？有意识地更改框架也是一种方式，比如一篇报告文章是从事件的起因开始写，还是从事件的结局着手，可以多转换几次，找到更合理的表达方式。

我们要记住的是，在变化的世界里，任何事情都可以没有最终定义，除非你想定义它——创造性解决问题正在于，我们不随便定义问题，而是真实地描述问题，然后灵活地求解。

7. 深入合作，找到问题的本质

大部分人与领导的职业关系往往缺乏合作的深度，这是因为我们无法同领导密切合作，找出解决问题的关键。

7.1 与领导共同解决问题

我们在前面强调与领导交往首要的任务是提供真实、全面、深入的信息，我们还强调无论何种情况下都要培养良好的思维方式，这些内容都只是我们与领导交往的基本要求。

处在深度的合作状态并就职业合作形成良好的互动氛围后，个人通常会与领导形成从目标制定到行动选择的全面合作状态。但由于职业环境所限，大部分人并不懂得如何与领导共同面对问题，更加不懂得如何与领导共同就某些事项制定决策，因而在这方面的经历和经验都是有限的。从这一点上来看，我们可以认知到的是：大部分人与领导的职业关系往往不具备合作的深度。

现在，我们试着想象这样一个情景：

一个部门主管与领导正在就一项失败的研发项目进行交流和总结。这一项目耗资近100万元，在最初确定这个项目的时候，部门主管和领导都雄心万丈，因而也大胆地进行投入，短时间内研发成果显著上升。但是，成果出来的时候，市场上很少有人问津，以致于收回的资金不足投入的1/10。这种情况加大了双方对项目的质疑，也带来了困惑。

假设上面这种情况是你的经历之一，你会向领导提供些什么帮助？显然，你需要认真地审视现在的项目状态，并就此进行说明；你也需要认真地分析出现了哪些问题。但这还不够——因为这个项目是你操作的，没有人比你更了解如何处理项目的后期安排。所以，你还需要进一步提出你的解决方法——这就是我们现在要讨论的内容：如何与领导共同解决问题。

7.2 找到支点：发现解决问题的关键要素

大多数人常常受直觉、框架思维的影响，在解决问题的时候不够深入、不够到位，因而问题的解决方式，本身也会成为问题。

解决问题的第一步是找到解决问题的关键要素。

那么，什么是解决问题的关键要素?

一颗螺丝钉掉到了车间的地上，第一个生产主管发现后，一般会开5次以上的会，研究地上为什么会掉一颗螺丝钉；第二个生产主管发现后，会连问5个为什么，直到找到最根本的原因；第三个生产主管发现后，会找出是谁弄掉的，哪里掉的，为什么会掉，查清楚后，会严厉批评当事人，然后研究出一个怎样不让螺丝钉掉的方法；第四个生产主管发现后，会责问工人不懂得节约；第五个生产主管发现后对清洁工喊："赶快来清理一下，要注意卫生。"

对同一种现象，不同的人会做出不同的反应。不同的人作出的不同决策，哪些有效，哪些无意义，稍稍一比较就看得出来，显然后两种人的决策是无意义的。我们不能简单地说是这两种人没有前三种人聪明，这会让我们也像后两种人一样陷入问题的陷阱里。

地上掉了一颗螺丝钉，没人捡起来，第四种人认为这是浪费问题，并没有错；地上掉了一颗螺丝钉，不干净，第五种人认为是没有打扫，这是卫生问题，也没有错。这两个是真正的问题么？显然不是。这颗螺丝钉是机器上的还是人为漏掉的？这是前三种人想到的问题，这才是问题的关键所在。

一种现象往往会产生很多问题，关键的问题也常常隐藏在其中，迷惑着我们。要想把正确的问题当做决策的起点，我们必须找出问题的真正所在，清晰地定义出这一点，我们才能够找到有效的解决办法。解决问题并非一件容易的事，稍不留意，我们就会陷入误区。

现在，看看下面这个案例：

F是房地产公司的一名主管，他觉得自己的压力越来越大。"我正在努力争取500万元的建筑合同，由于我的领导朝令夕改，设计方案已经超出合同预算20万元，而且合同仍然没有签下来。"他说道，"而且，由于领导不断打电话告诉我一些鸡毛蒜皮的事，我不能全身心投入工作。"

由于领导讲得太多，F陷入了领导为自己设置的一大堆问题中，找不出应对的措施，也无法理解领导的想法。

类似上面的情况，你会怎么处理？

7.3 突破方法：找到真正的问题

上面这个例子是我们在咨询工作中碰到的一个真实的案例。解决这个问题的时候，我们建议F静下心来想想自己的工作究竟出了什么问题，以及领导为何会作出这样的反应——这种反应与领导以前的状态极不相符。

考察问题的具体步骤是这样的：

● 罗列可能因素。

可能的因素包括下面这些：

➢ 领导对自己的工作能力不放心。

➢ 领导希望考验自己的应对能力。

➢ 领导对这个项目过于重视。

➢ 领导最近的情绪状态不佳。

➢ 领导认为合同对方过于苛刻。

➢ 领导希望做成一个品牌项目。

● 排除虚假问题。

经过认真的研究以及与过去相同情况的对比分析，下面的一些情况可以排除：

➢ 领导对自己的工作能力不放心。

➢ 领导希望考验自己的应对能力。

➢ 领导对这个项目过于重视。

➢ 领导最近的情绪状态不佳。

➢ 领导认为合同对方过于苛刻。

➢ 领导希望做成一个品牌项目。

● 扩大定义范围。

如果前面的问题都不是真正的问题，那就一定有其他的原因。是什么原因？F 抛开所有假定，同时把有关业务的所有情况从头到尾梳理了一遍。他发现合同里有一个无法实现的、也是领导向客户隐藏了的一项承诺。通过向领导征询，发现领导一直为这个承诺而困扰，却没有想到直接告诉 F。

● 全面解决方案。

最后 F 把这项承诺从合同里单独提出，分析目前实现的可能性，结果发现不可能。于是，他直接找领导说，我们应该如实告诉客户这个问题。同时，F 把后续的争取合同签订的方案也报给了领导批示。

类似上面这样的方法是一套严谨的假设论证方法，是我们解决任何问题都需要的策略性思维。在这里要提出的是：不要简单地定义问题，也不要被问题的表象所迷惑。进入问题的深层展开思考，才能够更有效地找到解决问题的关键要素。

8. 抓住主要目标是解决问题的关键

突破自己的思维局限，创新地看待问题，才能抓住问题的关键，深入分析问题，帮助领导有效地解决问题，做好领导的参谋。

8.1 目标引导行动

我们解决问题的目标指导着我们的行动。这个目标的含义很广，我们可以将之理解成：我们试图通过我们的行为达成怎样的结果状态。这个状态，我们称之为的目标。

目标不是问题本身——这一点一定要分清楚，更要清楚的是，问题正是因为目标而产生的。如果没有目标，得过且过，一切问题都可能不成其为问题。比如，现在的问题是领导希望让公司产品的市场份额提高 50%，那这中间就产生了一系列问题：增加产品投入、扩大宣传力度、改善渠道现状等，这些都有可能成为问题。

一定程度上，目标是主观概念，是你或者领导依据自己的期望界定的。但目标要合理、可行，而且要具有清晰、完整的实现方案——这些都是你与领导需要共同考虑的内容。

8.2 聚焦现实案例

我们来看一个现实的案例：

李飞所在的公司很多经营活动是受政府管制的。一年半以前，公司决定扩张到一些新的区域，并开始向政府申请扩张许可。政府的批复迟迟没有下来，而市场竞争日益激烈。

以前，公司可以通过提高产品价格来平衡投资成本，但在当前的环境下，公司很难这样做。

另一方面，公司刚刚对一项新建工厂的计划进行了全面评估。有人建议投资这项计划，以便提高服务的可靠性。据估计，其成本大概是1亿元。

这时候，政府颁布了一项准许公司进入新区域的条例。不过对公司而言，这个时机并不好。因为本行业正处于衰退期的中期，市场恢复缓慢，同时公司正再次面临裁员。更为糟糕的是，政府此次颁发的条例对公司的投资行为设定了期限。

李飞的老板向李飞征询：公司是立即进行投资，还是与政府协商延长投资期限。

李飞问老板："我们投资的目标是什么?"老板想了想说："希望公司能增加赢利点。"最后老板还是直言："想让公司度过危机。"李飞就说："如果让公司度过危机是老板对公司的主要目标，那么你说的这两种方案都不能进行，立即投资是不可行的，因为公司正面临裁员；推迟投资又会把公司的服务可靠性这个问题推上风口浪尖。"

决策目标，既要有实现的目标，也要有理想的最好目标，又要有最起码达到的最低目标，李飞的老板想让公司增加赢利点，这是他的理想目标，而面对当前的危机，老板更应该考虑的是最可能实现的目标，保持公司目前的稳定，安全度过危机。有了这个最低目标为导向，李飞自然建议领导放弃投资。

第七章

站在领导一边，协助领导解决问题

能帮领导解决问题的员工才会有好的发展前途，才会得到领导的重用。而解决问题最重要的一步就是提供给领导解决问题的方案。

聚焦：帮领导解决问题，你一定有前途

魏子臣在行政部工作的时候曾经带过一个新员工，因为这个年轻人勤奋好学，而且很虚心，魏子臣很愿意为他答疑解惑。后来魏子臣调离行政部去销售部之后，两个人依旧保持着良好的关系，这个年轻人还时不时会拿一些工作方法上的问题来请教他。

一天，年轻人在QQ上对魏子臣说："魏主管，我现在在工作中遇到了一个困难，我想给我的上司发一封邮件，您能不能帮我把把关，看我这封邮件这么写行不行?"

魏子臣同意了，让年轻人把邮件传给他。魏子臣打开文档看了一遍，邮件内容首先把工作中遇到的难题整体叙述了一遍，然后描述了这个问题即将给公司带来什么样的不利影响，而对这个问题的意见和解决方案则是一笔带过，没有一个成型的想法。

年轻人很是着急，发了一个"窗口抖动"，问道："魏主管，您看我有什么地方需要改进吗?"

魏子臣想了想，没有把问题直接点出来。由于两个人也很熟悉了，魏子臣就对年轻人说："职场上有个成功规则，你想知道么?"

"当然想了！您别卖关子了，快告诉我吧!"年轻人很快回复。

魏子臣笑了笑，回答道："这个成功法则就是：千万不要给上司出问答题。"

魏子臣继续说："就你写的邮件内容来说，你在前半部分对问题的描述非常好，但是你没有给上司解决问题的方案。最好的求教汇报方式是不仅描述问题和困难，还要根据你自己对情况的了解提出两至三

个方案。然后告诉领导，你倾向于选择哪种方案，为什么会选择这个方案，这个方案的利弊是什么，经过验证是否能够解决这个问题，等等。至于具体选择哪个方案，这要由上司来决定。等上司决定之后，你就去执行就好了！”

魏子臣的消息发过去之后，年轻人过了很久才回复了一句：“魏主管，我明白了，我还要修改一下邮件的内容。”

第二天，年轻人给魏子臣发了一条信息：“魏主管，你的办法真是太棒了！我昨天按照您说的方法修改了邮件发给领导，他对我的方案大加赞赏，谢谢您啊！”

当你拿着突发问题焦头烂额地向领导反映问题时，你有没有试过换位思考一下：如果你是领导，当你正在处理堆积如山的公务时，你是希望帮下属A调解问题，还是愿意看到下属B已经拿出一份解决方案，就等着你裁决 Yes or No？答案毫无疑问是后者。在职场上，领导也喜欢做选择题甚至判断题，而不愿意帮下属做问答题。而让领导做问答题的下属，不仅缺乏思考能力，也不会为领导分忧。

为什么要在提问后面附上“选择题”呢？原因有三：

其一，对于问题，你比老板更了解详细情况，更容易提出有针对性的方案；

其二，反馈难题，将问题上交，是员工缺乏工作积极性的表现；

其三，领导的优势在于对问题的综合判断，他会以你的建议为基础，做出更好的方案。

如果每次遇到问题，我们都能想出几个解决问题的方案让领导去选择，就等于在领导面前体现了我们的能力和水平，只要做到这一点，我们就能在职场发展中取得优势。本章将就以下问题展开讨论：

（1）如何形成解决问题的方案？

（2）在提出方案的过程中还要注意哪些问题？

（3）如何选择好的方案？

1. 提供解决问题的可能方案

如果你与领导已经就问题的论证和目标的确定交流完毕，在这种情况下，你对领导决策的最大支持，就是交给领导完整而又可行的行动方案以支持领导的目标得以实现，最终使问题得以解决。

1.1 获得切实支持后的安全感

上一章我们谈了如何协助领导发现问题，这一章我们接着谈发现问题后如何解决。大多数领导都会担心计划遭搁浅，担心问题得不到解决——其中绝大部分原因是对领导能力（不是人品、不是素质）抱持着不放心的态度。当你真正能参与到领导对问题的判断和目标决策，并就此目标决策提供切实的支持性的执行方案时，领导会大大减少这种不安全感。

这至少可以从两个方面影响领导对你的判断：

● 你的理解程度。

将问题、目标设想转化为积极的执行方案的第一前提是对问题和目标设想的理解。当你真正能够理解领导对问题的判断以及能够对领导的目标决策进行方案式执行解说的时候，领导也就不会唏嘘找一个合得上拍的人很难了。

● 你的组织能力。

大多数企业都关注组织的执行力，而组织的执行力来源于我们个体。如果你能够充分地领会领导的意图，并就领导的意图形成完整、可行的执行方案，领导将对你组织能力的信任大大提高。

1.2 提供备选方案，减少不必要的摩擦

有时候，一个方案不足以应对所有的情况，因此，我们应该拟订多个备选方案，不能让自己的思路局限在一条路径上。

胡明是一家纸制品包装公司的员工，今年由于公司业务飞速发展，总部要从河北搬到北京郊区的工业园。

公司派出胡明负责与当地的业主谈判，订合同，与家具商、装修商招投标，平面设计等。根据以往的经验，完成搬家至少需要五个月的时间。

但是，胡明的上司是急性子，每天都要电话催促，要胡明加快速度，而且根本不听胡明的解释，最后还向胡明下了两个月进新办公楼的军令状。

胡明明白搬迁工作的确需要加快速度，但无论如何也不可能在两个月内完成，于是胡明陷入如何与领导沟通的漩涡。

最后，胡明制作了一个完成工作的时间进度表，修整之后交给领导，并提出了六种加快工作进程的解决方案，其中包括局部进驻、简单装修等，并列出了不同方案的时间以及利弊。上司收到胡明全方位的方案后，选中了其中一个方案，让胡明尽快执行，此后再也不整天电话追问胡明了。

提供给领导的方案尽量多一些，这能给领导提供多种选择。如果只是把工作中的问题和你的唯一解决策略展示给领导，领导既不确信你有完成工作的能力，也会觉得你没有用心思考更好的解决方法，对待工作也不认真投入。

1.3 用这些方法形成一个好方案

要提出解决方案，首先必须要懂得方案的形成过程。下面我们以经典的思维五步法为例来作说明。思维五步法是我们发现问题，解决问题的一个逻辑过程，其中也涉及到一个关键的问题，那就是我们如何集思广益，形成一个有效的可行的方案。方案的生成过程，既跟问题有关（清晰地界定问题），也跟我们如何整合各种有利的假设（想法）有关，因而它也具备特定的逻辑框架。在这里，我们主要从五个方面加以认识。

● 问题：一以贯之的核心。

我们强调，对问题的把握是正确决策的基础。任何时候，对问题的把握都应该是一以贯之的。一个人对问题把握不清，将永远不可能真正解决问题。

● 目标：解决问题的导向性要求。

人受行为目标和目的的引导。比如，把体验当成目的的人，当然不会被眼前的问题所困惑。所以，当我们解决问题的时候，要从目标导向的原则来看——不同的目标或目的，其解决问题的思路是截然不同的。

● 想法：有多少方法能够解决这个问题，并通向你预定的目标。

你的同事或朋友，有什么方法帮助你解决这个问题，这些想法的利弊何在？

● 融合：这些想法的好的地方能够融合在一起吗？

有些想法是可以融合的，就如同我们将在下文中谈到的杰克在南美投资建厂的那种情况。这种技巧需要有意识地加以训练：当我们留意的时候，我们往往会找到融合的办法，并同时将不利的因素剔除。

● 修正：任何时候对任何方案，都不要贸然地采取行动。

这是最后一步，也是保险性措施。当你确定方案之后，你应该找人帮助你，帮助你的这个人可以是你的领导，也可以是你的朋友、同事，要充分借用群体的力量，对你的方案进行进一步的理论分析，以确保方案本身是成功的。

方案的形成过程是一个不断发现问题、甄别问题、筛选想法和确认方案的循环过程，如果一个问题没有最终彻底地解决，这个过程就不会终止。你得注意，这种方式是大多数领导通过的方案形成方法，而你也可以用，这恰恰是你与领导形成某种共同见解的必要手段。

2. 与领导进行决策互补

领导的决策并不总是尽善尽美，这时候就需要我们提出自己的想法，对领导的决策进行补充。

2.1 互补双赢

在日常生活中我们经常看到这样的现象：脾气暴躁的人和温和而有耐心的人能友好相处；活泼健谈的人和沉默寡言的人能成为要好的朋友。对这一现象，心理学家的解释是：两人相处，对双方都有助益（互补），或彼此都有友好的意愿（相悦），或彼此发现有类似的态度（相似）时，两人的交互关系就有继续维持的可能。也就是说，当双方的个性或需要及满足需要的途径正好成为互补关系时，就会产生强烈的吸引力。

职业生活中与领导的关系也是一种互补关系，比如领导决策你执行、领导缺位你补位——真正领悟到这种真谛的人会创造出与领导牢不可破的友谊。那么，如果单就决策而言，如何与领导形成互补呢？

2.2 决策互补的两种类型

决策互补有两种类型：

第一种类型：执行决策互补。领导的导向决策完成后，你的执行决策准确而有效，这是对领导导向决策的最大支持。

第二种类型：修正或促成互补。领导在导向决策时不清晰、犹豫不决或者决策出现偏差，这时你提出的促成提议或者修正性补充，就是修正或促成互补。

2.3 决策互补的技巧和方法

无论是何种方式的互补决策，都要讲究技巧和方法，这是职业规则的基本要求。下面这些演练就是针对我们职业生活普遍的不足之处提出来的针对性方法。

● 执行报告式：适用于执行决策互补。

应该以领导的目标为主题，以工作上领导的要求为标准，对执行的思路进行系统、深入说明。

● 问题论述式：适用于领导未发现问题或决策导向不清、决策犹豫时。

单纯就现阶段所发生的各种问题以及存在的各种不利影响作一份问题总结与论述汇报。其意在于激发领导正确认识问题，出恰当决策。

● 调整请求式：适用于领导决策偏差的情况。

当领导的决策目标或执行思路（思路概要）出现偏差时，以请求的方式做出调整。请求的方式参见本书第四章相关内容。

3. 学会解决问题的逻辑思维

解决问题的过程不是杂乱无章的，需要严谨的逻辑思维。

3.1 思维的方法即解决问题的方法

杜威是著名的经验主义和实用主义心理学家。他关注的是怎样才能使经验、行动更有效能。而要想使经验、行动更有效能，必须培养人的思维能力，掌握科学思维的方法。杜威认为，思维起于直接经验到的疑难和问题，而思维的功能“于将经验到的模糊、疑难、矛盾和某种纷乱的情境，转化为清晰、连贯、确定和和谐的情境”，在于“把困难克服，疑虑解除，问题解答”。因此，思维的方法亦即解决问题的方法。这个解决问题的过程共有五步，因而科学思维的方法也称为思维五步法或探究五步法。

3.2 五步法训练逻辑思维

现在，请你静下心来看看你的现实生活或者工作中的各种状况，并按照下面的思维五步法展开训练。

● 第一步：感觉到的困难：从发现不利局势开始。

感觉到什么问题或者不利状况？把这种感觉描述下来。

● 第二步：困难的所在和定义：进一步深入界定问题。

感觉和问题定义是两回事，你必须从感觉开始，然后从问题入手，让真正的问题浮出水面。你可以问问自己：我为什么会有这种感觉，这种感觉因何而生，这种感觉背后是一个什么样的问题，这个问题应该如何表述，等等。

● 第三步：假设方案：设想可能的解决办法。

当问题界定清楚后，你需要做的是提出各种可能的方案，也就是解决问题的各种假设。比如：如果我×××做，会好一些吗？再或者，我×××做，问题是否能够解决掉？这些假设包含着解决问题的初步设想。

● 第四步：逻辑推理：找到最能解决问题的那个假设。

在你提出的各种解决问题的设想中，有的可能是无法操作的，有的可能是效果不佳的，对假设的初步筛选要运用逻辑推理的方式进行。

● 第五步：证实结论：通过观察或试验，证实结论是否可信。

对于那些重大的问题，可以先在局部试行或者先从某个小处入手来论证；而对于那些较小的问题，可以先试行再观察。比如要改善队伍的人力资源现状，可以先把人员划成小组，从一个小组开始试行等等。

一定意义上，科学思维方法也是上一章所讲到的直觉思维方法的有效补充。当我们运用直觉思维产生创造性想法后，科学思维方法恰恰是验证直觉思维的一种有效方式。当然，科学思维方法本身也是一种解决问题的强大工具。因而，充分地掌握它会带给我们巨大的帮助。

4. 明确方案的可能风险

虽然项目的决策权在领导手中，但是决策后的操作过程却要由下属来完成。因此，下属比领导更清楚具体操作过程中存在的风险。

4.1 预告可能的风险

如果我们不能帮助领导消除风险，至少也应该提前将可能存在的风险告知领导，以便制定更稳健的执行策略。同时，也能让领导做好心理上的风险准备，避免措手不及造成不必要的损失。因此，下属在提交执行报告时，至少应该从这几个方面考察方案可能存在的风险，包括投资风险、财务风险、机会成本、环境变化、政策风险等，并对风险进行合理的判断和甄别，以供领导决策参考。

一个下属在提交一份执行报告时，至少应该从以下几个方案考察这份执行方案可能存在的风险：

- 投资风险。

所谓投资风险是我们操作一个项目可能存在的投入回收风险。投资风险也许是大多数企事业单位的管理者都会在意的一个问题。比如：某个项目投资 50 万元，能够取得多大收益？成本回收的风险有多大？等等。

● 财务风险。

如果某项业务是有利可图的，也是可投资的，财务风险就是第二个要考虑的问题，比如客户的坏账率、财务流转情况，这中间的风险有多大等等。

●的机会成本。

大多数人不会考虑机会成本，但领导总是会关注这一点。所谓机会成本，是指当我们操作一个项目的时候，我们同样也会放弃某些项目，这中间就必然涉及放弃这些机会的成本问题。机会成本包括人员安排、时间、投资占用的资金等。机会成本过大，意味着方案的质量不高，这时应该考虑是否放弃该方案，选择更好的方案。

● 管理风险。

一个项目是否可以操作，一个方案是否具备可行性，通常也涉及到管理的一系列问题。比如，当我们提交一份市场营销方案的时候，方案本身是可行的，但我们的管理能力不是，如对营销工作的人力资源建设不足、财务管理的混乱等，那么采用这个方案就会造成管理的混乱，从而导致整个业务单位陷入严重的管理失衡过程中。

● 环境变化。

某个方案是否能够真正带来积极的效果，首先必须考察外部环境的变化。举个简单的例子：当我们提交一份产品研发计划的时候，是否进行了充分的市场调研？如果我们的产品研发出来，而该类市场已经处于严重萎缩状态，那么这个方案的执行从一开始就是失败的。

● 政策风险。

政策的变动是一个重要的因素，比如：该类市场的财政支持的取消、市场的干预力度加大或某些限制性政策的出台等，这些都是方案决策时必须考虑的潜在风险。

就具体的方案决策而言，风险可能无处不在，而且可能存在各种各样的表现形式，比如：合作方的信用风险、原材料价格上涨等。增强风险管理意识是我们职业生活中要加强训练的一门重要功课，也是我们与领导稳健合作的基础。

4.2 风险表述方式：增加领导安全感的技巧

那么，当我们意识到存在某些风险时，我们该如何向领导汇报，并做出有效的提醒呢？下面的技巧就是专门解决这个问题的。

● 保持诚实。

为了能够让自己的方案获得通过或者出于报喜不报忧的心理而隐瞒风险的情况在业界屡见不鲜——这是我们犯的一个重要错误。风险意识在多数领导那里是非常强烈的，个人无须隐瞒，因为隐瞒反而会造成更大的安全隐患，给领导造成更大的心理压力。

● 保持客观。

你既不能为了方案能通过而故意降低对风险的评估，也不能为了限定某些选择而夸大风险，两者都是不允许的，也是无法获得他人认可的。正确的做法是，就风险的事实进行你的评价。

● 批注方式。

为了简单化处理程序，减少领导的工作量，一般情况下你可以在各种方案的申报或者审阅过程中，在每一个执行步骤后面或边角批注可能存在的风险，并对此加以简单说明。这样，领导会更直观地认识到每一个执行步骤中要注意的潜在问题。

● 论述方式。

对于一些重大的项目或者一些重要的决策方案，你可以单独提交一份风险评估方案，如“关于××计划的风险评估方案”。这种方式通常适用于新运作的项目、新的重大问题的解决等等。由于是新问题新业务，所以要经过论证——这恰恰是下属要主动完成的工作。

5. 任何行动方案，都要预防风险

向领导阐释风险，进行风险预告不是我们的最终目的，我们的最终目的是要帮助领导尽可能地减少风险带来的不利后果，让风险转变为可以接受的程度。

5.1 情景模拟：一种常见的情况

就这个问题，我们用下面这个情景来讨论我们需要把握的要点和方式，以及帮助我们更好地认识到该如何协助领导。

J的老板想投资一家石油公司，但这项投资风险很高，比如老板选中的钻井，很可能会不产石油，那么老板就会损失上百万的成本，而且石油的价格在一年中波动的幅度可达300%。面对这样的高风险，作为下属的J，是怎样为老板管理风险的呢？请看下面几个步骤：

5.2 寻求降低风险的信息

发现潜在的风险时，我们应该尽可能多地寻找能降低风险的信息。在上面的案例中，老板最担心的是钻井不出油，为了降低这个风险，J的老板要J找到开采石油的专家，和专家一起寻找油田，考虑地质情况，把油田的出油率尽可能提高。

5.3 分散风险

高利润往往伴随着高风险，但我们不能因为风险太大就放弃投资。如果风险大得无法承受，那么就要找其他人一起分摊风险。

老板告诉J，如果公司接受这项投资，赚钱的可能性只有40%，赔钱的可能性也有40%，他不想承担这40%的风险，但又非常想投资这个项目。于是J提出，公司可以与其他投资者一起来做这个项目，每位投资者承担一定比例的费用，分享这一比例的盈利，这样，公司至少能占有这项投资20%的股份。

5.4 分散风险

就像我们不要把鸡蛋放在一个篮子里一样，我们可以把资金投放到不同产业上，以分散风险。在J的老板下决心投资石油开采后，J提醒老板可以把公司的资金部分用于扩大公司的经常性盈利项目，这些项目风险相对较小，这样可以减少如果项目亏损时造成的公司财务压力。

5.5 对风险投保

当一种风险过大，人力无法避免和挽回时，我们就要想到为这种风险投保。J老板的这项投资，不光是钻井不出油的风险，还会出现井喷这种意外事故，让老板遭受巨大的财产损失，虽然这种意外事故的概率很低，但是只要一次就可以摧垮公司。所以，J再次提醒老板，为这项投资买保险。

最后，还要强调的是，我们的决策还要注意到个人对风险的承受力。心理学认为，不同的人对待风险有不同的看法，也有不同的承受能力。风险承受力表达了我们为了得到更好的结果甘冒风险的意愿，因此，在每一个方案中都要考虑个人的风险承受能力。

6. 帮助领导综合决议，甄别方案

做方案时一般都会多做几个备选方案，但实施时，最多只会挑选一或两个方案来执行。所以，我们就要对所做的方案进行权衡，以选择最佳方案。

6.1 方案决策：取长补短、互补融合

选择方案本身就是一种决策，大多数时候这种决策是由领导最终确定的，但是我们仍然要配合领导，帮助领导协调方案中的利弊，以完善方案的可行性。

我们知道，当我们试图去完成一项工作的时候，我们总会产生无数的想法，当这些想法转化成可行动的方案的时候，我们通常需要有策略地进行融合、互补，甚至也包括剔除不合理的部分——这是一个严谨的论证过程，也是考验我们事物组织能力的关键要素。

下面这个案例是典型的方案形成过程的例子：

杰克是一家制造公司的部门主管。他的上司在上周向他表明公司决定向南美市场扩张，因为根据市场调研数据，如果扩张得当，公司就有机会先于竞争对手进入南美市场，并取得较大的市场份额。

由于领导的这项决定事出突然，时间很紧迫。杰克有两种选择，一种是在南美几个主要国家建厂投资，并使之为公司带来最大的发展潜力和最大的市场份额；另一种是不在南美国家建厂，而是在南美几个主要国家建立销售处。

为了更好地控制成本同时也实现业务增长，杰克倾向于后者。但是，在方案的论证中，杰克公司的一位巴西客户对他说："我对你们公司的员工很满意，对你们的产品质量也满意。不过，我一直对你们公司交付产品的速度和灵活性不太乐观，因为这对我的公司的正常运作至关重要。"

如果客户对这样一个重要的问题持有异议，显然这个方案也是不行的——因为杰克发现，即使在第二种选择中特别注意交付灵活性，也仍然实现不了客户的预定要求。杰克意识到自己喜欢第二种方案的主要思路，即公司能够及时接触到在南美的客户，并与之达成交易。

但问题在于，这种方案并不能满足顾客在交货方面的要求。公司可以通过在当地建立新的生产厂来解决这个问题，但这需要一笔很大的投资，而杰克目前并不愿意这样做，这一点在领导那里也许是通得过的，但这即使通过，对公司也是不利的，这正是杰克现在面临的问题：他必须找到最佳方案。

经过慎重考虑后，杰克提出了一种新的方案：公司应该在南美建立产品组装厂，而不是生产厂，但依然会按照第二种方案在1～4个国家设立销售处。杰克回忆到："这种方案非常简单！不知道自己以前为什么没有想出来。也许是因为以前公司从没有这样做过。我们的一贯做法是不断建新厂。"在选用第二种方案之后，杰克深信新的方案是最合适的。他将在这个过程中产生的不同的方案都报给了领导，同时对最优方案进行了注解。

大多数人在参与决策的过程中做出的大多数决策并不令人满意或并不受欢迎。这是因为方案本身总是存在着盲目性，缺乏严密的实践论证。这里我们要强调一下我们的情绪。当你对某个方案产生一种兴奋或坚定的感觉时，这种情绪会促使你完全接受这一方案，并确保它实施成功——但是，情绪并非理智，真正成功的方案必须等到情绪冷却后进行审慎思考才能严密而又符合实际。

我们必须注意的是，不同的方案总会有可取之处，比如：如果方案A包含着方案B的目标，同时，在其他目标上，方案A也不比方案B差，这种情况下，我们就可以称方案B被方案A包含和支配，这样方案B就没有优势，可以剔除。对方案分析包含与被包含的关系时，我们一定要慎重，要逐一对方案的目标进行罗列，尽量让最有利于我们的方案呈现出来。

6.2 等价置换：让决策目标明确化

当只有一个目标时，决策就简单多了，比如，领导想知道员工是不是每天按时上班，只需设置一个签名卡或者一个打卡机，就可以达到这个目标。但是工作中只有一个目标的决策很少见，一般情况下，我们总是同时追求几个目标，比如：领导想知道员工是否按时到点，又想知道员有没有怠工，或者想知道员工做了什么事，做成什么事。这样就不可能只用一个签名卡就能解决问题，目标的多样性，让决策变得复杂化。要实现这些目标，我们不得不作出好几种决策，并且在这些决策中犹豫不决。但是，我们知道，目标不可能同时实现，所以我们可以先权衡这些目标，简化目标，从而使我们的方案明朗化。

2006 年 7 月，经理带领一个市场调研项目小组到广州进行为期一周的美容健康产品市场调研，周亮是这个小组成员之一。调查快结束时，公司一个沈阳的客户生产了一种能够促使女性排毒美容的美容仪器，准备把沈阳当做样板市场启动，为此经理想到沈阳去，想对沈阳市场有个详细的了解。

但是老板给经理的经费已快用完，时间也不多了，经理找到周亮商量如何做。于是，周亮就和经理讨论。经理说，按老板的要求我们得按时回公司，现在只有一天时间了，要到沈阳去，时间不够，同时老板也没有给经理随意使用经费的权力，现在到沈阳的费用也不够。

周亮听完经理的担心，就对经理说："要到沈阳去是我们的第一目标，而你的两个担心也是我们目标，我们既要到沈阳，还要有时间，还得为公司节省费用。"经理点头称是，周亮又问经理有没有向老板说明到沈阳的重要性。经理说还没有，因为还没想到最好的方案，也担心万一全杀到沈阳，效果不行，还花了大代价，老板会变得不信任他。

经理这样一说，周亮又给经理列出一个目标："还要保证沈阳之行有收获，即使意义不大也不能让老板觉得是浪费。”

得到经理肯定后，周亮就分析，经理现有四个目标：第一，小组要到沈阳；第二，小组费用要节省；第三，小组不能拖延时间；第四，小组到沈阳要有收获。第一个目标和第四个目标相近，那么就先去掉第一个目标，剩下三个，第二个和第三都在说节省，可以合并，那么就剩下两个目标：第一，小组到沈阳要有收获；第二，小组沈阳之行要节省。当经理看到周亮为他列的这最后两个目标后，一边选定小组最有经验的一个员工给他买一张飞沈阳的机票，一边和其他小组成员一起回公司，并且准备在得到沈阳那边消息后就报告给老板。

周亮为领导提供了将复杂目标简单化的技巧，他用等价的方法把相似和相同的目标进行等价置换，通过不断调整目标清单，最后让领导的目的更简单、明了。等价置换方法是我们决策中常用的、非常有效的一种技巧，对于我们列出的目标来说，如果有一些目标是相等或者相似，甚至是互相包含的，那么我们就可以去掉或者忽略其中的一些目标，然后对剩余的目标进行决策。

第八章

从团队中来，到团队中去

一个人是否能够工作愉快，并收获更大的成功，取决于良好的、能够促进自己成长的职业环境。但是，我们必须记住，良好的职业环境是我们自己创造的。

聚焦：你应该身在团队，同时心系领导要求

三年前，小张大学毕业后如愿以偿地进了一家有名的广告公司，这家广告公司因为注重细节、敢于创新而受到客户的欢迎。小张对未来充满了希望。

可是，自打小张进入公司之后，小张的上司并没有让小张参与广告设计，而只是做一些诸如送资料，或者印刷搬运之类的活，小张觉得公司大材小用，而且感觉到自己不被信任，因此对工作提不起劲，很多时候只是应付一下，而且心底里暗自做好了跳槽的准备。

小张的上司王经理觉察到了小张的心思，一天，小张给王经理送材料，王经理接过材料一看，纸张上有两个角都皱了，因此眉头一皱，说道："小张，你是不是没把这些小事放在眼里?"小张争辩道："没有"。王经理接着说道："我看出来了，你肯定觉得整天让你做这些小事是大材小用，就拿你给我这个材料来说吧，都皱成这样了，你也不知道抚平它。"小张正要争辩，王经理突然换了语气，说道："其实刚进公司我跟你现在一样，也整天做这些小事，我也不服气，那时我的领导，也就是现在咱们的老总也看出了我的心思了，严厉地批评了我，还说了这样一句我会永远记得的话：一点小事都做不好还怎么做大事。"

王经理的这一席话对小张震动很大，从此小张不管公司给安排什么工作，他都尽力做好。几个月后小张进入了公司的设计团队，并渐渐地以"活做得细致"闻名公司内外。

三年后小张成为这家公司的部门经理。

上面这个案例告诉我们个人职业素养的培养在于自己，案例中小张正是因为反省并克服了浮躁的心理，懂得从细节做起，慢慢熬出了头。本章中我们将就提升职业素养这个问题展开以下几个方面的讨论：

(1) 提升职业素养要做到和避免什么？

(2) 如何为自己创造良好的职业环境？

1. 任何侥幸心理都会遭到“报应”

从严格意义上来说，侥幸心理事实上已经偏离了正常的人格和价值取向，换句话说，就是一种心理被扭曲后产生的人格障碍。

1.1 侥幸心理是一种消极状态

心理学上认为侥幸心理是人们的一种自我保护的本能，比如：当人们遇到压力、风险、危机而感觉焦虑时，心理就会失去平衡，为了防止这种不平衡无限制地扩展下去，就需要一种不确定的乐观情绪来支撑起人的精神层面，但这种乐观不是基于现实的，甚至是和现实相反的，它的作用就是暂时稳定人的情绪。但是侥幸心理就如同心理上的吗啡一样，如果过度依赖侥幸心理来安慰自己，就是一种消极的自我催眠，不仅会导致现实生活中的种种问题，也容易使个体形成心理上的不健康状态。

侥幸心理就是无视事物本身的性质，违背事物发展的本质规律，违反那些为了维护事物发展而制定的规则，想根据自己的需要或者好恶来行事就能使事物按着自己的愿望发展，直至取得自己希望的结果。

1.2 工作需要严肃而又严谨的行为习惯

人们常抱有侥幸心理，当我们想偷懒，想逃避责任，或是不自信，对事情没有充分准备而又不得不做的时候，就会出现这种心理。

前两年，H当兵复员回来被分配到煤矿机掘队当了跟班检修工，队里安排一位老师傅带H，H一开始很认真地跟着师傅做，师傅叫H做什么H就做什么。

一天下午，师傅带H下井到巷道里检查开关，让H把4台绞车的盖子打开，把里面的脏东西清理出来，避免发生短路事故，然后密封好盖子，以防失爆。

师傅安排完工作之后就到井上面去处理故障了，临走时，师傅再三叮嘱H要先停电再干活。H答应了，可是等师傅一走，H就懒散下来，一方面是太累，另一方面，停电的地方在井上，H不想来回跑。

H还侥幸地认为，从外面揭开绞车盖子看一看，有东西就清理，没东西就上点黄油，没必要跑那么麻烦的路去停电，也把师傅的交代忘记了。

可能是平时勤检查的原因，H清理了3台绞车，开关都很干净，也没什么意外发生。清理第4台绞车开关时，H打开盖子，用棉纱去擦里面的灰尘，可是，就在快清理完时，不小心棉纱碰到了裸露的电源线，瞬间一股强大的电流向H袭来……

H“啊”的一声大叫，一屁股就坐到了地上，头上冒出豆大的汗珠，一时间不知天南地北，大约两分钟后才醒过神来，手还在发抖，腿也不听使唤了。这是一个小小的警示，如果H没穿胶靴，如果作业地点湿度再大一点……

案例中H的侥幸心理，几乎要了他的命。工作是一件严肃而又需要严谨的事情，当我们对待工作马虎了事而又心存侥幸的时候，结果总是会出现一大堆或重或轻的问题，这都不是优秀职业人士的行为习惯。

1.3 侥幸心理的表现

侥幸心理是一种心理上的认知，同时也是我们对自己的行为找到的理由。只有当我们真正意识到所有的侥幸最终都会产生难以挽回的代价时，我们才能真正得到改变。下面这些表现，都是侥幸心理在作祟，我们要杜绝这种心理：

● 领导不会发现。

与其提心吊胆，为什么不做好呢？欺瞒的行为是可耻和可憎的。事实上，没有任何欺瞒行为最终能够瞒得过去。当被发现的时候，你的人格价值已经完全丧失，要再次获得信任可能需要你花费近百倍的努力。

● 那不是我的错。

有时候我们会找到无数的理由宽慰自己，比如：那是他人的错，不是我的错。如果事实果真证明不是你的错，那为什么还需要你去说这句话呢？当你需要说这句话的时候，你就应该想到这中间你也出现了问题。所以，你要坦诚地面对它。

● 我明天再纠正。

拖延只会越拖越久，即使到了你说的明天也可能会无动于衷。事实是，在发现问题后停顿一分一秒都可能存在危险。你无法预知后面会发生什么，所以你也无法断定这个问题在后面究竟会产生什么重要的影响。所以，正确的做法是：当下改正。

● 下一次再做好。

大多数人过于相信自己修补问题的能力，但他们忘了这其实只是借口，是逃避问题的借口。因为如果你确实想做好，这一次为什么不是机会呢？记住：放纵自己就是侥幸的一种心理特征。

● 别人都这样做。

别人怎样做，那不是你的问题。你这样做，才是你的问题。这个借口如果传到领导那里，那么你马上成为与别人一样的人，甚至比他们更糟。毫无疑问，你的职业命运将马上面临重大的挫折。

● 这是个小问题。

任何问题在刚开始的时候都不会是大问题，一场战争不会凭空而来，一场祸事从来不会突然来临。小问题、细小的变化恰恰是大问题的前奏和萌芽，将问题消灭在萌芽状态是智慧之举。

2. 那些有成就的人，都是专注的人

工作的精神实质就是责任意识。对于我们而言，责任就是最基本的职业精神，而责任的起点或者根本的要求就是：一心一意做好本职工作。只有对工作负责的人才能做到对自己负责。

2.1 你为什么被认可：工作中的价值贡献

对一个真正优秀的、能够获得他人信赖的人来说，在工作中实现个人的自我价值是一个坚定不移的信念。

琴受领导的安排去完成一项重要的投标任务。为此，琴收集了大量的资料，并做了大量的准备工作。

竞争很激烈，自己到底有多大胜算？琴和单位领导郑重准备了投标材料，研究和分析了可能发生的问题：对方会提出的条件，我们的底线，我们的条件，我们的优势和劣势，以及如何应对。琴做完这些后，又和领导一起模拟会场的答辩，找出更多难题，并做好对策。

投标的当天，琴早早来到了答辩现场。因为是一个政府部门的招标项目，琴穿上了职业装，把头发扎在了后面，脸上化着淡妆，显得精神、利落、大方。

时间一到，琴准时进入了会议室。同时进去的，还有很多其他单

位的竞标人。招标单位七八个人坐定后，开始介绍情况。在介绍的过程中，琴认真地听，直到招标单位说完，请各位提疑问。琴提了几个技术上的问题，请招标方再解释一下，给招标方留下了深刻的印象。

接着，就是各投标单位一家一家地答辩，其他单位退场等候。

琴在外面等候的时间，再一次细想了答辩的程序和方法。进去答辩的时候，琴显得胸有成竹。

坐定，发言。琴用很好听的嗓音介绍了本单位的大体情况、资质、人员、优势、能力和对本次参加招标的项目的理解，并介绍了自己的情况，以及参加过的各种同类项目，目的是让招标单位感到她是业内人士，是很有经验的。

最后琴拿出了精心准备的投标书，一条一条地宣读，这个投标书其实是个项目计划书，制订得十分精确，写了项目参加人的名字、项目开始和结束的时间，时间都精确到某天完成什么。

招标方虽然没有对琴多说什么，可是从表情上看已经被琴所讲的内容和她的能力所感染。招标方只说请琴回去等待通知。

不到三天，琴的公司就收到了通知：中标了，并且是全票通过。而琴也得了本月公司最高奖金。

无论你做什么工作，无论你面对的工作环境氛围是松散还是严谨，你都应该认真工作，一心一意地把工作做好，不用领导提醒就知道应该怎么做下一步了，并对自己工作的每一步都负责任。也只有这样，你才能在工作中锻炼自己的能力，使自己不断提高。

2.2 损害我们价值的心态

成大事者，都是从最基础做起的。空谈“大事”者，通常成不了大事。

事实上，当一个人专注于自身工作，并不断想办法改善工作的时候，他所表现出来的沉静和专注的人格品质和职业视野，将传递给人更安全的合作信息和更积极的合作心态。我们谈与领导的合作，那么这个方面的内容就是不容忽视的一个基本要求。

注意下面这些细节，它们很可能就是你无法获得领导认可的重要原因，而且也许你未曾注意到。

● 我对这个安排没兴趣。

工作不仅仅是兴趣，它是兴趣、能力以及全局性安排的系统结合，如果我们对这项安排没兴趣，那我们有兴趣的事情目前能够做好吗？在没确认这一点之前，我们的牢骚只会让领导对我们失去耐心。

● 我做那事可能会更好。

在我们还没有做好自己的事情之前，说这句话代表着无知。任何事情都会看起来容易做起来难，特别是对没有经验的人来说更是如此。所以，不要轻易产生这样的想法。

● 我想尝试着做点别的。

这是允许的，但前提是我们是否已将手头的工作圆满完成，并获得认可。如果没有完成，或者说我们尚没有完成领导安排的工作，并让领导满意，这种要求只会让领导觉得我们朝三暮四，没有定性，而且眼高手低。

● 别人怎么能够那样做！

别人怎么做不是我们需要讨论的话题，除非领导向我们征询。任何流言蜚语都不应该影响我们，我们也不应该制造这种流言蜚语影响他人。我们首先需要做好自己的事。

2.3　细小之处显才能：成就源自点滴积累

真正优秀的工作总是从细节中来。比如，你交给领导的一份报告中有错别字，排版不整齐、不大方，重要处没有标示——这些会立即影响到领导对你的观感。这只是一个方面，自身的业务工作中，细小之处也是关键之处，因为工作质量恰恰需要在细节处体现。

几年前，王俊大学毕业后进了南方一家广告公司。这是一家集市场调研、企业形象策划、品牌推广、创意设计、广告制作、印刷于一体，综合素质高、专业性强的广告设计公司。能在这样专业对口的大公司发展，王俊对未来充满了信心。

可是，王俊进入公司以后，觉得公司并不重视他，他们只让他送送资料，甚至帮其他的设计人员端茶倒水。王俊想，这对他来说不是大材小用吗？因此，王俊对他们安排的工作只是应付一下，他做好了跳槽的准备。

一天，部门经理从王俊手里接过材料，眉头一皱，说："你是不是没有把这些小事放在眼里？"王俊强辩道："没有！"部门经理指着材料说："看看，这张纸卷角了，你却没有抹平！你不会连这样一件小事都做不好吧？我原来也跟你一样做过这些事，也跟你一样没把这些事放在心里，也出现你这样的小问题。当时的部门经理，也就是现在的总经理，他严厉地批评了我，并语重心长地对我说，要想干大事，必须先把每一件小事做好做到位！"

"要想干大事，先把小事做好做到位！"这句话对王俊震动很大，从此，王俊开始认真地对待自己干的每一件事，就是给其他的设计人员端茶倒水，王俊也按照专职服务员的标准要求自己。

三个月后，公司安排王俊设计一份英文饮料品牌的广告。设计过程中，王俊对那句话有了更深刻的认识，因为整个过程分开来看都是一件件小事，比如收集大量的类似广告、对词语的推敲等，这些小事每一件都做到位了，独具特色的优秀广告也就设计出来了。

几年后，王俊被公司提拔为部门经理。

杰克·韦尔奇说："一件简单的小事情，所反映出来的是一个人的责任心。工作中的一些细节，唯有那些心中装着大责任的人能够发现，能够做好。”

无论任何人，正在从事什么样的工作，要想获得领导的重视，就要时刻树立正确的工作态度，对自己的工作时刻充满着热情。不管工作中的大事还是小事，都要做到位，不能因为小事太小而忽略它们，正是这些小事组成了工作中的大事。

2.4 心灵的收获：关注细节与精神成长

如果真正养成了关注细节的品质，个人的生活质量和生活品位将提高很多。这是为什么呢？从个人的心理规律来看，对细节的关注将引导以下几种心理反应：

● 对事物的专注力。

我们大多数人的压力、烦恼和痛苦的根源在于我们不够专注于事物本身，而是追寻事物之外虚无缥缈的东西。因而我们大部分人是在精神涣散、浅尝辄止中感受莫名的压力。对事物细节的精益求精恰恰是让我们专注于事物本身的一种方式，它会让我们获得心灵的平静。

● 对事物的敏感度。

一个人的成功与失败与其对事物的敏感度有巨大的关联，比如艺术鉴赏必须能敏感地发现细微之处的价值，与人交谈时必须能敏感地发现对方不经意间的言行举止——这是一种重要的社会技能。但是这种对事物的敏感度从何而来？它不是天生的，而是我们通过日积月累得来的。关注工作细节显然是训练我们敏感度的一种方式。

● 对事物的体验感。

一份报告中某句振奋人心的话会让人会心一笑，一个方案中精确的分析会让人心理获得安全感……这些细节都会增加我们对事物的美好体验，而当我们时刻关注细节的时候，我们将时刻体验这种美好，生活、工作会更加幸福，久而久之，就能让我们以积极的心理反应面对任何变化。

● 减少生活的遗憾。

对一件小事的马虎大意可能造成巨大的遗憾，这是我们经常遇到的事情。当我们认真地做好每一件小事的时候，我们会发现我们活在一种没有遗憾的生活状态中。大多数的人大多数的事都会存在遗憾，遗憾越多，我们越缺乏幸福感。

工作与生活息息相关，不是因为工作给了我们报酬，让我们付得起生活费用，养得起家庭，而是因为工作关乎我们整个人的精神品质的修炼。我们必须从一点一滴开始让自己的心灵更专注、更有幸福感。要做到这一点，就必须把细节做好，这既是提高工作品质的途径，也是改善心灵品质和心理幸福感的途径。

3. 有些时候，是我们自己让自己失败

很多时候不是我们做不到，而是我们认为自己做不到，所以结果就是：我们没做到。

3.1 勇于面对困难

困难面前勇于承担责任是一项重要的职业素质，也是被人们认可和接受的重要因素。但是要做到这一点就必须调整我们面对困难的内心状态。我们知道，如果一个人认为自己不行，那他一定会不行——这个道理的真实性几乎举世公认，而它隐含着的心理特征就是：我们总是在不断地否定自己，而不是肯定自己。下面这些职业生活中的问题就是这样一种否定心理特征的现实反应：

● 领导安排给我的工作，我做不到。我该怎么办？

● 这项业务太难了，还是让别人去做吧。

● 如果没做好后果会怎样呢？我还是不接受为好。

……

当一个人总是避难就易的时候，其心理意识大部分都停留在自我否定的状态中，而这种自我否定最终会演变成一种能力上的自我限制，从而导致“从自我否定到能力欠缺，再到负面评价”这样一种恶性循环。

自我否定的一个突出表现就是对自我能力的限制，我们称之为自我设限。自我设限源于自我对个人能力与所需成就之间的差距的认知。换句话说，当一个人认为他无法达到某种成就时，它的自我设限就已经在产生作用了。大部分人认识不到自己的自我设限是如何产生的，因为自我设限更多的时候是一种潜在的意识。

3.2 跳蚤实验：经典的自我设限研究

美国的一位心理学家曾做过这样的实验：第一次，他让一个跳蚤在桌子上跳。它可以跳得很高，越跳越高。

第二次，他把跳蚤放在了一个瓶子里，没有盖盖子。跳蚤跳呀，跳呀，跳出了瓶子。

第三次，他把跳蚤放进瓶子里，并把瓶盖盖上。跳蚤跳呀，跳呀，想跳出去，可是盖子挡住了它。跳蚤并没有放弃，它一直在跳。半个小时后，心理学家把瓶盖取了下来。跳蚤仍旧跳着，可它最高的高度也只是跳到瓶口，它跳不出去了。

跳蚤具备很强的跳跃能力，它可以跳跃的高度是它身长的30倍，那为什么跳蚤在没有瓶盖的情况下还跳不出瓶口呢？那是因为它以为盖子仍然存在。“以为”就是一种“自我设限”，人也会像跳蚤一样，给自己设定限制，总对自己说“我没有这种能力”，不愿意发挥自己的潜能。

个体所设置的障碍，在工作中可以是行为的，比如：运动员在比赛前喝醉酒；也可以是言语的，比如：声称自己不行，做不到；甚至可以是不作为，比如：学生体育考试前不做任何练习。

3.3 高明的心理骗术

这是一则广为流传的故事：

有一个会各种各样法力的巫师。有一天，他来到喜马拉雅山下一个非常贫穷的村落里传授“点金术”。他告诉村民们说，只要对着某个东西按照他传授的咒语来念，就可以把那个东西变成金子。这些咒语非常简单，即使村里最笨的人也会念。但是，巫师告诉他们，在念咒语的时候不要想着喜马拉雅山上的猴子。村民们很迷惑，点金术跟猴子有什么关系。于是他们照着巫师的咒语去做了，尽量不去想喜马拉雅山上的猴子。但是，最终他们还是没能变出金子来，因为他们无法控制自己不去想那些猴子。

这是一个非常高明的骗术，因为从人的心理反应来看，你越是在意的东西，越容易在关键时刻影响你。所以，只要你强调了不能去想什么，人们就总是会在关键时刻想起它。这就是心理暗示。消极的心理暗示会限制我们的行为能力，而积极的心理暗示则能增加我们成功的可能性，并促使我们不断获得进步。

3.4 调整心理暗示，激发我们内在的潜能

暗示在教育教学中是最常见的一种方法，比如：

一个并不积极的女孩正在学电子琴。有一次，这位女孩突然对曲谱产生了一点兴趣，她要求读一读老师没教过的曲谱。她的母亲本来

想说："老师都没教过你，你读什么！先把老师教过的曲目弹完再说！"但她突然转念一想，自己的孩子对练习弹琴毫无兴趣。于是这位母亲说：好啊！"接下来，即使这个女孩读得断断续续，母亲也大力地表扬了她，而且在老师面前不断地表扬她。出乎意料的是，小女孩慢慢地开始专心练习起电子琴来，积极性慢慢地被提了上来。

我们必须通过合理的手段让自己勇于面对问题。对于我们的一切沮丧、失落，以及因此而造成的一切困扰，我们首先应该追问自身的心理状态：我们是勇于接受困难、挑战困难的吗？我们是充分发挥自己能量的，还是总是存在消极暗示而自我设限的？我们必须清楚的是，如果我们的心灵接受了"难以成功"的结论，那么我们将永远平庸。如果我们认为需要调整自己的状态，本章后面的实践训练给我们提供了调整自我暗示的实用技巧，这是由内而外改变自己的一种方式。

3.5 不要给自己的能力盖上盖子

一个专业曲棍球运动员在签署一个"使他成为世界上身价最高的运动员"的重要合同之前开始酗酒；两个好朋友相约去打网球，其中一个不停地念叨："最近好久不打了，估计有点手生……"某教练员向体育记者诉苦："今年我们有几个老队员离队，所以新赛季我们重在磨合阵容……"

运动员、大众体育爱好者和教练员常常在重要事件、比赛或是赛季前有类似的行为。这些行为有的令人费解，有的看起来很符合逻辑，但其实质都是在自我设限。

自我设限就像一个阻碍我们突破自己的"瓶盖"，"瓶盖"的存在会让我们的能力无法得到充分发挥，让我们没有办法看清自己。如果把"瓶盖"拿掉，我们的潜能将会是无穷大的。

一年前，小李第一次操办了一场有1000多人参加的演讲，他是第一次负责这样的活动，完全没经验，服务人员准备不足，结果演讲活动开始时现场乱得一塌糊涂。

最后，虽然顾客对演讲内容表示满意，但是这也可以成为小李的借口："我公司是第一次做，没经验，能做到这样很不错了。"事实上当时会场包括小李在内只有三个工作人员而已，按理说能做出这样的成绩也不错了，但小李想，市场不会给我们第二次机会，我们必须力求做到最好，如果一次能做好，为什么要做两次呢？

后来经过不断地参加其他会场的活动，小李很快就学会了怎样控制会场局面，并把会场的服务做得很周全。并且小李相信自己是一个能把握全局性的人，相信所有事情，只要敢去做，就没有做不好的。

对于一名员工来说，积极乐观的态度是掀开压在我们身上那个"瓶盖"的一只手，让我们释放出自己潜在的巨大能量。凭借这种热情，我们可以把枯燥乏味的工作变得生动有趣，突破工作中的种种困难，使我们收获更多的成功，被更多人认可。

3.6 警惕另一种自我设限

有一种情况很特别：我们不是对自己的工作自我设限，而是认为别人的事与己无关。这也是一种自我设限，是从个人整体发展角度的自我设限，因此也值得我们警惕。

工作是成长的机会吗？对这个问题大多数人会回答"是"。再进一步问：公司具备怎样的成长机会？回答就多种多样了。但是有一条常常被人遗忘，那就是个人的机会是自己创造的，当一个人能够承担更大的责任，能够在做好本职工作的基础上，尽可能多地参与到单位的建设中来时，这个人无疑会获得更大的信任，收获更大的成就。

小艾的第一份工作是做销售，一开始业绩并不突出，但在单位也算得上中上等水平，这样一做就是四年。

四年里，小艾在做好销售工作的时候，还主动帮助领导和周围的同事干活，尤其经常做自己团队中的事务性工作，同时还为客户着想。一次，领导的一个大客户来公司要一份急用文件，这时正是午饭时间，但是领导到市场上去了还没回公司，小艾热情地接待了领导的这个客户，并很快和领导联系。领导知道小艾的品德，就请小艾到他办公室打开他的电脑，告诉小艾文件的位置，并请小艾打印出来交给客户。

到公司第四年后业绩虽有一定波动，但他一直坚持下来，后来他的领导因外部机遇调走了。领导走之前，在老板面前力挺小艾，说小艾是公司里工作最负责任的员工，并且有干大事的魄力。这和小艾的良好口碑相一致，老板毫不犹豫地让小艾接替了原领导的工作。

就这样，小艾在大学毕业工作四年后就升为公司的副总裁，主管业务工作，年薪也以数十万元计。在猎头公司的眼里，小艾更是价值不菲 的“奇货”。而当年那些认为他傻的“精明”之人大多数还在第一线做“资深”销售代表，原地踏步。而且随着年龄的增长，那些“资深”销售代表作为基层员工，其竞争优势正逐渐让位于更年轻的员工。

作为下属，光是全心全意、尽职尽责为公司工作是不够的，你还要时刻提醒自己，我可不可以为公司、为客户多付出一点点呢？当然，你没有义务要做自己职责范围以外的事，但是你也可以选择自愿去做，以驱策自己快速前进。率先主动是一种极珍贵的、备受看重的素养，它能使人变得更加敏捷、更加积极，更重要的是它还能让我们接触到更多的事物，为我们创造更接近成功的人生体验。

4. 本位思想太重的人，是不能担大任的

任何一个领导都会极端厌恶本位主义，这不是因为可能给工作带来什么困扰，而是因为本位主义是一种极端自私自利的表现。

4.1 本位主义严重损害整体利益

所谓本位主义，就是为自己所在的小单位打算而不顾整体利益的思想作风或行为。本位主义者缺乏大局观和全局意识，考虑问题时往往以小团体为中心，无论利弊得失都站在局部的立场上，为了维护少数人的利益而忽视整体利益，严重的甚至不惜损害集体利益而换取部分人的私利。

管理是一种极端复杂的艺术，这是因为一项业务的开展，一个企业、事业单位的运营总是会涉及到方方面面的问题，而领导不可能关注所有的问题，并做出合理的安排。因而，它必须依据员工的自觉性。而本位主义恰恰损害了这种自觉性。

我们回过头来仔细研究一下领导在本位主义者面前究竟是抱着一种怎样的心态。

4.2 第一种心态：自私的人不宜深入交往

大多数本位主义者是极度自私自利的。我们说人有自私自利的本性，但自私自利不能超过一定的限度，比如说通过自己的劳动或者承担某种责任，收获自己应该得到的报酬，这种情况是正当的。

但是，本位主义的心态通常是对自己有利的就去做，而对自己不利的就不做。这恰恰是领导最在乎的。当一个人只做对自己有利的事情时，这样的人就不值得深入交往了。

4.3 第二种心态：将其限定在某个范围内

有一种方法是大多数领导对本位主义者运用的策略：不要让他过多介入单位的事情，将其限定在某一个狭窄、单一的业务领域中。为什么会这样？这是因为，对本位主义者给予越多的权利，让他承担越多的责任，造成的问题就越大。如果领导认为这个人的基本能力是可以的，业务水平也是不错的，那么领导即使不换掉他，通常也不会给他更多的空间助长他的破坏力。

4.4 第三种心态：找好替代人选，随时调整

没有人会相信本位主义者是一个可以长期合作的伙伴，更不会有人相信交给本位主义者的工作，他会始终如一日地坚持完成。领导会迫于业务稳健性的考虑，任何时候都不会将重要的工作交给本位主义者。更重要的是，即使迫不得已将某项重要工作或重要权利交给了他，也会在事情结束后收回或者及时寻找替代人选，以备不时之需。这就意味着，本位主义者将永远处在一种“多一个不算多，少一个不算少”的状态中。

4.5 第四种心态：防止其成为破坏因素

我们都知道，本位主义者是不会考虑团队的整体利益的，更不可能为单位的整体发展抱持着一种责任意识。更重要的是，他总是不断地让他人为自己服务，这对团队的凝聚力和健康发展来说是一个巨大的破坏因子。当领导面对这种人时，心理就会充满防范，他必然会通过一系列手段控制这个人，不让这个人破坏其他人的工作。这就造成了一种极端严肃的管理控制局面。

4.6 本位主义会妨害职业生涯

我们说，人的感觉是相互的。当一个人表现出本位主义时，领导不会毫无察觉。类似这样的心理反应是正常的，也是常见的。而它造成的极端不利的后果是：个人与领导的职业关系事实上已经不存在了，你之所以能够在单位中能继续谋求一份差事，那只是因为单位人才储备不够或者你还能做点事而已，而不是因为你个人的优秀素质。

从领导的心理反应来看，当下属都能够充分发挥自己的主观能动性，按照业务发展的自身要求履行作为一名职员的责任时，领导的内心就会充满安全感，这种状态对领导来说就是愉悦的。而如果这中间出现某些人本位主义严重，发现问题也不提醒、不作为，那么这种不安全感就会急速上升，从而也必然导致领导严格监管的管理行动。这显然不利于自身职业素质和职业能力的成长和发展。

4.7 分外工作的额外收获

在职场中，常有这样的员工，他们认为自己的任务只限于把本职工作做好，对于领导或同事安排的额外工作，他们充满抱怨，逃避推诿，或者迟迟不愿动手，敷衍了事。这样的态度，自然无法获得升值和加薪的机会。自我反省一下，你是不是也有过这样的想法呢？

“终于下班了，我要提前收拾好桌子，时钟只要指向六点，立即冲出办公室。”

“我有我的专职工作，为什么让我做这些与我的专业毫无关系的工作？如果不给我加工资，我才不要做。”

“又加班？怎么总是有做不完的活儿？”

“工作就是多一事不如少一事，做得多，错得就多，挨骂也多。”

对于份外的工作，绝大多数人都不喜欢做。但由于顾忌上司的态度，担心拒绝上司会给自己带来不利的后果，下属也就心不甘、情不愿地接受了分外工作，最后导致工作做了不少，心情越来越坏，还影响了工作的效果，所以，这种心态并不可取。

不论职位高低，每个人都有自己的工作范围和职责，但公司中总有一些无法准确划分到个人的工作，或者一些突发的、没有前例的工作，这时候，如果严格地划清界限，在上司的眼里你就显得有些“小肚鸡肠”了。

对于这些工作，我们不妨在力所能及的范围内承担下来，因为在职场中，付出总会有回报，在其他同事都推三阻四的情况下，如果你毫无怨言地接下这个任务，这种知难而上的精神会让上司对你另眼看待。

分外的工作就是职场中的额外锻炼和机会。分外的工作会给你带来分外的收获，你不仅能够获得更多的经验，也播下了成功的种子，升职和加薪就在不经意的地方等待着勤奋的你。

当旁边的同事工作做得不太好，而且你也不是太忙的时候，就应该伸手帮上一把。你这样做是替上司照顾他忙不过来的地方，上司会对你很感激。在职场中，“独善其身”的员工也是第一批被边缘化的员工。

什么是该做的？什么是不该做的？这其实很难区分。在工作的过程中，在已经完成自己的工作任务的前提下，多热心帮助同事，完成一些分外的工作，并不是吃亏的事情。但在完成分外工作之前，我们必须注意两点：先完成自己的本职工作；分外工作要做得更出色。

5. 你与领导之间，也要讲双赢规则

人最大的问题是对利益的短视。大多数人只看到眼前的利益，而忘了这背后存在的深刻的利益互惠原理。

5.1 一个寓言背后的心理学

我们说，趋利避害是人的本性与本能反应，也就是说人的行为都是以个人利益为出发点的。这并不是什么问题，换句话说，如果人人都趋利避害，我们仍然可以在利益共享的基础上实现和谐地相处，并达成有效的合作。

这是一个广为流传的寓言：

一个漆黑的夜晚，一位僧人看见巷子深处有盏小灯在晃动，身旁有人说："孙瞎子来了！"

僧人百思不得其解，问姓孙的盲人："敢问施主，既然你什么也看不见，为何挑一盏灯呢？"

盲人说："黑夜里满世界的人都和我一样是'盲人'，所以我就点燃了一盏灯。"

僧人若有所悟："原来你是为别人照明呀。"

盲人却说："不，也是为我自己。虽然我是盲人，但我挑了这盏灯笼，既为别人照亮了路，也让别人看到了我，这样他们就不会在黑暗中碰撞我了。"

这则寓言简单地介绍了互惠双赢的心理学原理。

5.2 人们更愿意同喜欢自己的人交往

我们都有这种体验：若你知道一个人喜欢你，就算你不能报以同等的喜欢，但至少你会对他存有好感。

对此，心理学家巴克曼做过这样一个实验：

他随意抽取几个人作为被试者，并确保他们互不相识。接下来，他分别告知被试者，小组里有几个特别的人会喜欢他们。事实上，这些信息是假的。在经过一次讨论后，巴克曼告诉被试者有可能解散小组，重新组成两人小组进行讨论，他要求被试者自己提出，他喜欢和哪个成员配成两人小组。结果表明，被试者选择的是巴克曼说的喜欢他们的成员。

随后，心理学家艾宾浩斯在某个圣诞前一天做了相似的实验。他给随机抽样挑选出来的一群素不相识的人寄去了圣诞卡片。开始，他对回音并没有抱太大希望，但随后发生的情况却大大出乎他的意料——绝大多数收到他卡片的人，根本没打听他是谁，就自动给他回寄了一张。

这两个实验有力地证明了互惠定律对人际关系的影响，并得出一个相似的结论：人们有责任在将来的某个时候回报曾经接受过的恩惠、礼物和邀请等。简单而言，就是对他人的某种行为，人们会以一种类似的行为去回报。更直白地说，就是人们往往愿意和那些喜欢他们的人打交道，并且努力在交往中回馈同等的喜欢。

5.3 贡献价值：寻求利益共享的核心法则

大多数人对待职业的态度是不具备大视野的，仅仅局限在狭窄的利益圈内，这是一个通病。假设有这样一种情况：公司某一天发生财务危机，有多少人愿意为公司出资度过难关？这是一种极端化的情况，但这种情况恰恰可以考验一个人对利益共享的看法是否坚定而明确。

从更宽泛的意义上来说，人与人的关系之所以会出现不和谐的音符，产生一些矛盾和摩擦，其中就与一方某方面的利益受损有关。因此，要有效化解矛盾，消除摩擦，就不能太自私、“吃独食”，而应坚持“互惠”，追求“双赢”。只有让双方都得到益处，这样才能深化与他人的关系。工作中的双赢策略就是：你必须尽可能多地为领导、为单位的利益着想。

贡献价值的方法有很多，我们可以尝试着从以下几个方面入手：

● 发现问题及时上报。

如果对职业生活抱持“事不关己，高高挂起”的态度，那你与领导之间就根本不可能存在真正的互惠双赢关系。真正的互惠双赢关系意味着你必须从对方的需求出发界定你的行为，并收获来自对方的回报。

● 协同解决任何问题。

主动性是一个基本要求，碰到问题也不能只提批评性意见。你应该主动去解决，或者协同他人去解决——即使这些问题不是由于你的原因造成的，或者不是你的本职工作，你也应该如此。这恰恰是为领导排忧解难的一种表现。

● 主动承担更大的责任。

在你确认你的本职工作已经做得不错，或者在对本职工作没有负面影响的情况下，你应该更多地参与到单位的建设中去，承担更大的责任，这是职业成长的必由之路。

● 主动解决领导的疑难。

当领导有疑难之处时，你是无动于衷还是想办法去解决？比如：当领导对启动某项业务存在疑惑时，你尝试着帮助领导考察这项业务的可行性和相关问题吗？只要你主动起来，领导也会回馈给你更大的主动。

6. 你既是领导的下属，也是团队的一员

任何一个职工在某种意义上都代表着公司，比如：销售员出差是代表公司出差，研发人员与合作单位交流是代表着公司交流，财务人员进行财务管理是代表着公司管理。某个职位尽管存在着一定程度上的职责范围，但本质上员工是公司的一分子，对外时均代表着公司。

6.1　我们的位置：岗位上的一员和公司的一员

在一个单位中，我们有两种身份：一种是岗位界定的那个身份，比如业务员就是业务员，经理就是经理。这个岗位界定是有差别的，并因此而承担着不同的岗位责任。但我们还有一种身份，那就是：我们都是单位的一员。我们对单位的荣辱兴败承担着责任。这一点对谁都是一样的，没有差别。

张华是一位人力资源主管。刚上任的时候，他向领导提交了一份《人力资源建设计划书》，目的是为了将人力资源与公司的战略发展计划匹配起来。张华将计划书交上去的时候，得到了这样的答复："好，可以好好研究一下。"

为了进一步研究，张华挑选了一家国际人力资源管理咨询机构，开始进行人力资源需求分析，并制订人力资源发展框架。因为马上要进入行动阶段，张华向领导请示。领导问："实施这个项目需要多少投入?"

张华回答："70 万元。"

"70 万元？还只是帮助我们做人力资源规划？我看还是再仔细考察一下吧。"

看来老板不能接受这么高的价格，张华便把选择对象从国际公司转为国内公司。终于，有一家业内口碑较好的公司只要 8 万元，所做方案也比较适合公司。可是当老板听完汇报后，问了一句："还是要 8 万？8000 块钱能不能搞定？还有人力资源部能不能先把基础的事情做好，再来讨论这些系统的东西?"

于是，张华决定尝试自己实施。可是真正实施起来情况就不一样了，实施中出现的各种问题远远超出张华的预期：不是各部门经理说张华的规划太脱离实际，就是员工认为张华组织的这些动员和培训占用太多工作时间。折腾了半年多，张华终于决定放弃。这时，老板对张华的不满也越来越大，张华的工作热情也越来越低。

当一个人贸然地提出各种各样的要求的时候，通常意味着他是没有进行过系统的全局性思考的。全局性思考意味着我们是从事物的多个层面，为公司争取最大的利益，而不是将公司置于一个危险的境地，或者是将公司的损失视为正常。个人的工作与公司的利益息息相关，因而，个人的一举一动都应该以公司的利益最大化为基本原则。

6.2 全局性视野的内容

在上面的例子中，有哪些地方是片面而没有通盘考虑清楚的？至少包含着这几条：

● 方案的真正效益。

方案能够产生多大的效益，这一点肯定是没有考虑清楚的。这同时也表明方案本身是有问题的，否则后期就不会出现那么多问题。正是因为方案可行性不足，它的价值也是不明显的。

● 投入的性价比。

一个脱离事实的方案，要用近百万元的代价去执行，其结果不是解决问题，而是制造问题。而从国外到国内机构的转换也说明了张华没有为公司节约资金的意识。

● 公司的可行性投资。

做任何事情都不是一厢情愿的，能够做什么事必须从公司整体的角度去考虑。上例中动辄十万百万元的投资是公司能承受得了或者目前阶段有必要的吗？如果没有全局性视野，工作必然有失偏颇。

全局性视野是个人职业的大视野，是以牺牲短期、个人利益而在更高层面上追求价值共融的一种职业观。我们在前面的内容中曾提到：保持与领导价值取向的趋同是一个重要的合作条件，而全局性视野就是其中的内容之一。

6.3　具备全局性视野的人如何处理问题

现在，我们来看看，一个具备全局性视野的人，会怎样处理职业中的各种问题。

● 合理成本，最大效益。

围绕总体目标整合和组织各类资源，以合理的成本，在计划期内完成目标任务，实现企业经济效益和社会效益最大化，同时主动驾驭局面，规避风险。

● 全面认知，全面调理。

不是以点盖面，而是掌握所有情况，并制定科学合理的计划，主动研究可能存在的各种问题，并主动防范、主动消除这些问题可能对公司产生的不利影响。

● 直面问题，积极解决。

当问题出现的时候，不是逃避责任或认为不是自己的责任，而是第一时间想办法将问题消除，不让问题扩大而影响公司的整体利益。

7. 永远别让自己成为问题的一部分

人们总是倾向于将成功归功于自己的能力和努力，而将失败归咎于客观环境。

7.1　心理上我们总会“趋利避害”

一个人是否能够工作愉快并收获更大的成功，取决于良好的能够促进自己成长的职业环境。但是，我们必须记住，良好的职业环境是我们自己创造的。我们上面所说的侥幸心理、自我设限以及本位主义三者是破坏我们职业环境的罪魁祸首。但客观地说，这三者只是我们的行为表象。

如果我们继续深层次地挖掘我们内心的心理状态，就会发现，真正影响我们创造良好职业环境的因素恰恰是我们内在的心理认知。

第一个层面就是对自我的认知，这是从问题层面来说的，也就是说，我们是否在问题面前，总是客观地反省自己。对问题的自我归因总是会赢得领导和他人的欣赏。

其典型表现是在日常生活中，许多人都有这样的问题：过分强调自己对成功的贡献，尽量缩小自己对失败应负的责任，这就是心理学上所谓的归因偏差。事实上，我们每个人都具有探究事情原因的倾向。而且，在归因时，每个人都有一种自我防御倾向。如果自己成功了，找主观原因，特别是特质方面的原因，诸如能力高什么的；倘若自己失败了，找客观原因，特别是情境方面的原因，诸如运气不好、心情不好等。

但是反过来，对别人则没有这么宽厚。别人成功了，说是客观的情境原因，如机会好等等；别人失败了，则说是主观的特质原因，诸如能力低下、不懂人事等。这种把成功归因于自己而否定自己对失败负有责任的倾向性称为自我服务偏差，是归因偏差的最主要表现形式。

7.2 避责避害：让自己成为问题的一部分

一个年轻人对自己的父亲说："我的上司一点都认识不到我的价值，而且公司里还存在那么多问题，我觉得已经没有必要再在那里耗下去了。"

父亲没有给予儿子是否应该辞职的意见，但他却别有深意地对儿子说："你是否在公司中发挥了值得他人重视的价值呢？或者你一直以来都是令上司感到头疼的问题之一？"

大多数人会同上面的年轻人一样，为自己找无数的借口来推卸自己的责任。比如：

我不是故意的——一种请求宽恕的说法。通过表明自己并无恶意而推卸掉部分责任。

没有人不让我这样做——表明此人想借装傻蒙混过关。

这不是我干的——最直接的否认。

本来不会这样，都怪……——凭借扩大责任范围推卸自身责任。

为了免遭受谴责，大多数人都会选择欺骗手段，尤其是当他们明知故犯的时候。这就是所谓的“罪与罚两面性理论”的中心内容。而这个论断又揭示了这一理论的另一方面：当你明知故犯时，除了编造一个敷衍他人的借口之外，有时你还会给自己找出另外一个理由。

人贵有自知之明，这是因为：深刻而全面地认识自己，尤其是承认自己的不足之处确实需要一定的勇气。但是，只要具备了这种勇气，具备了自知之明，人们的成长道路就会变得更加通畅。可惜的是，真正具有自知之明的人并不多，我们经常看到的事实是这样的：

人们对别人的批评似乎总是一针见血，轮到自我批评的时候就是一些流于形式的表面文章；当犯了错误进行自我检讨的时候，人们还是要情不自禁地先进行一番表功；即使是犯了罪的人，也会千方百计地声明“我不是故意的”，他们聘请律师的目的就是为自己应尽的责任进行开脱和辩解；甚至是《圣经》中的亚当和夏娃也要把偷吃禁果的责任推到魔鬼身上——是魔鬼变成蛇来诱惑他们，可是他们却没有认识到抵御魔鬼的诱惑是他们本来应该具有的品质。恰恰是这种品质的欠缺，我们本身也会沦为问题的一部分——因为我们只懂得抱怨他人，而不知如何努力去提升自我。

7.3　调整归因偏差，正确认识自己

看看下面这个小例子：

一位私塾先生自诩文章冠绝古今，他与自己的弟子们一道连续几届参加科举考试，但每次都是弟子们中举，他却名落孙山。一次，主

考大人宴请社会绅士名流，会上谈及此事。主考大人问他这是什么原因，他愤愤然吟诗道："文章不如我，造化不如他。"说罢，拂袖而去。

显然，这是一种错误的心理认知。心理学家指出，人们的归因行为并非总是纯粹理性活动的产物，也并不是逻辑严密的，这就会使人们对行为的归因出现错误和偏差。偏差指的是认知者偏离了标准的归因过程，而错误指的是认知者系统地歪曲了某些本来正确的标准程序。这些错误和偏差有的源于认知过程本身固有的局限，有的源于人们的动机。

但无论是因为认知过程本身的局限，还是因为动机，归因偏差总是会造成我们无法客观地认识自己，同时也成为无法正确评价事物的阻碍。而从职业生活的角度来说，我们需要更积极的方法看待工作中的各种问题。

我们假设这样一个场景：

假如有一份策划案急着要交，可你死活都做不出来，就去问你的主管，他却推诿说现在有点忙，并要你去问别人。这时，你会怎么想呢？是想："有什么了不起的！不就是主管吗！"还是认为："主管的事确实比较多，要不然他不会不帮忙的。"

事实证明，尽管当时情况是主管确实很忙，而在这百忙之中能给你一个建议要你去问问别人，已实属不错。但大多数人却依旧倾向于选择第一种想法，从而给自己带来不快。这属于归因偏差的一种，即观察者倾向于强调行动者特质的作用，而行动者倾向于强调情境的作用。所以，你要原谅别人对你的不正确看法，因为他们的确是有"苦衷"的。

想想对方的处境，你可能就理解他们了。我们每个人在做一件事情时都抱着一种必胜的态度，但在事与愿违之下，我们的希望总是落空，由此而发生了情绪上的转变。这个时候，有归因偏差是再正常不过的事情。所以，你要理解别人，并适当地关怀别人。

在宽容别人归因偏差的同时，还需提醒自己，毕竟归因偏差不是一种正确的归因过程。对于我们自身来说，需要谨防归因偏差给自己和他人带来的负面效应。

下面，我们来论述第二个层面。

8. 提升责任意识，提升行动效能

第二个层面就是对责任心的理解。如何理解责任心是一个重要的问题，恰恰是负责任的行为让我们获得他人，包括领导的信任和支持。就像亚当和夏娃把责任推到魔鬼身上会让人笑话一样，认识不到自己的责任或将自己的责任推给外在环境甚至别人，其结果总是会招来他人的厌恶。

8.1 责任认知：责任是什么

责任心是一种复杂的心理特征，他既与人的心理过程有关，也与人的个性特点有关，牵涉到人心理的各个方面。在这里，我们重点讨论一下，我们应该如何建立全面的责任意识。

我们知道，如果一个人的价值取向以奉献为乐，那么他就会有很强的责任心，反之，则对人对事漠然置之。这里的价值取向显然也包含着责任认知。

所谓责任认知是指我们对自己所承担的责任的认识，它属于道德知识或道德概念范畴。简单点说就是：责任是什么。责任也是我们认知结构的一部分，就像我们掌握的任何一门知识一样，是可以通过学习来改善的。

现在，你可以想一想下面的问题：

● 你熟知的那些成功人士是怎么看待责任的？至少举三个例子，注意，你一定得把他们对责任的定义描述出来。

● 进一步询问他们：他们有什么例证证明自己的观点，或者说他们是根据什么道理来做出这种定义的。

8.2 责任需要：成功需要承担怎样的责任

我们生活在一个现实的世界中，不可能任何责任都不需要承担。其中的大部分原因在于，我们个人有着成功的追求，有着理想的目标，而只谈追求、目标，不谈责任需要就是不切实际的——因为权利和义务总是对等的，这是亘古不变的社会法则。

从根本上来说，我们之所以产生某些负责任的行为，是与我们个人的需要有关的。比如，有的人需要获得更高的收入，所以他承担着高风险的工作，承担着因此而带来的责任。逃避风险责任而追求高收入，那是不可能的。

● 现在，你来总结一下，你希望的目标是什么？围绕这个目标，你有什么样的责任需要？

8.3 责任情感：责任面前，你有怎样的情感反应

具备某种理性的责任认知（如清晰地认知自己的岗位职责），或者知道自己有怎样的责任需要（如为了获得更好的职业发展，要更好地服务于企业利益）——这仅仅是责任心的开始。我们必须在心理上对这种认知和需要进行某种恳切的反应，产生某种情感上的共鸣。比如，有的人在责任面前总是下意识地去焦虑，而有的人即使知道这是自己的责任，认识到自身存在这种责任需要，也会无动于衷。责任面前两者的情感反应是截然相反的。

● 描绘你对责任的情感反应，举三种不同的情况。

● 你身边的成功人士对你的反应有何看法？请描绘出来。

8.4 责任意志：对责任的坚定感有多大

责任意志主要表现为人在责任行动中具有明确的目的性，充分认识负责任的社会意义，自觉地克制自己，使自己的行动服从于一定的规范和要求，以及在具体的责任履行中能以坚韧不拔的毅力克服种种困难而坚持到底的良好品格。责任意志是调节责任行为的内部力量，它是人的意志过程或主观能动性在责任心上的表现。一般而言，责任意志的品质包括责任行为的自觉性、果断性、坚持性和自制力。

● 描绘你对责任意志的认识，并用事例说明你在受挫时的责任态度。

8.5 责任行为：责任面前你会采取怎样的行动

一个人是否存在责任心，大多数是看行为，而不是看个人认知。彻底一点说就是：责任面前，你是怎么做的。责任行为是履行责任的反应动作和活动，它表现为个体遵守社会和群体行为的规范，促使群体的共同活动得以实现。我们发现一个奇怪的现象：有的人具备责任情感，有正确的责任认知，但他做的事未必就是负责任的行为。为什么呢？这就是对责任行为理解不清造成的——所谓的“好心办坏事”就是这种情况，所以我们说承担责任也需要一定的行为能力。

● 描述一件你彻底负责任，并产生积极成果的事情。

● 描述一件你出于负责任的想法，但在行动过程中产生负面影响的事情，并总结你的体会。

需要注意的是，责任心的上述心理因素不是相互独立、彼此孤立的，而是相互联系、相互作用的。当我们试图建立自己正确的责任意识时，我们就需要从以上各个方面考察自己的状态，从而彻底地改变自己。

接下来我们来论述第三个层面。

9. 与你的团队紧密配合，实现目标

第三个层面是表达你的热情。热情不是赢得领导或他人信赖必备的条件，但却是调节职业氛围必需的改善措施，也是减少不必要摩擦的核心法门。

9.1 人们总是乐意与热情的人交往

假设有这样两个人：他们都勤奋、实干，有着坚强的性格，做事果断、坚决，又不失严谨。在所有人眼中，他们都是极为聪明的人。但他们之间唯一的区别是，其中一个待人处事极其热情开朗，而另一个却冷酷、不苟言笑。那么，你会选择与谁交往呢？

许多人的答案都是：愿意与那个热情的人交往！原因就在于，每个人在人际交往过程中都不知不觉地受到“中心性品质原理”这一人际关系心理法则的影响，而“热情”恰好是人的中心性品质之一。

我们中间的绝大多数人都缺乏在工作中表现热情的意识和能力，事实上他们对工作本身也是缺乏热情的。正是因为缺乏这种热情，他们的职业环境常常充满压抑、不愉快，随之而来的就是各种各样的负面思维：比如，为什么别人比我更受认可？我难道就真的不行吗？我做错了什么，为什么没有人关心我？心理学给我们的提醒是：改变一下自己与人交往的方式，一切都会更加美好。

9.2 一个经典实验：热情更容易被人接受

为了验证“热情”是人的中心性品质，1946 年，美国心理学家所罗门·阿希做了一个实验。

阿希把被试者分成两组，向他们分别描述同一个人。在第一组中，所罗门·阿希列出这个人的七项品质，包括聪明、熟练、勤奋、热情、实干和谨慎。在第二组中，所罗门·阿希只将这个人品质中的“热情”换成“冷酷”，其他不变。

结果出来了，仅仅一个“热情”与“冷酷”的区别，却引起了两组被试者对这个人完全不同的印象。第一组被试者见到此人时，愿意同其交往，谈得很投机，并且认为他同时具有幽默感等各种优秀品质。第二组被试者则不愿与此人接近，敌视他，讨厌他，同时把自以为是、虚伪、脾气暴躁等各种恶劣品质统统罗列在他“冷酷”的品质之下。

阿希最后得出这样的结论：“热情——冷酷”这一对品质是人际交往中的中心性品质。在这对中心性品质中，人们对热情的评价总是正面的，而冷酷却陷入无限负面的评价中。

这个实验告诉我们，热情总是让人联想到其他优秀的品质，如有爱心、乐于助人、对生活保持乐观态度、容易接近等，而这些品质几乎都是人们在交往中希望见到的品质。但冷酷恰好与此相反，它容易使人联想到自私、自以为是、孤僻、不易接近、缺乏生活乐趣等，而这些品质无一例外地是人际交往中不受欢迎的。

换句话说，“热情”并非是一个词，作为最具“中心性品质”的好的一面，它具有中心位置，也具有光环效应，因而包含了更多有关个人品质的内容，时时刻刻影响着他人对我们的综合判断和评价。所以我们说，热情是良好人际关系的第一要素，在任何时候，包括你与领导、与同事的交往都应该保持热情，这种表现总是会让你受益匪浅。

9.3 为你的职业环境增色：传递热情的技巧

一位职业人士这样表达了自己的疑惑：

我刚参加工作两年，每当有新同事来或是朋友给我介绍他的朋友时，我总是点点头，然后就没什么话说了。后来，我听说他们都跟别人抱怨说我不热情、清高、不愿意理睬人。可是如果让我对一个还不算真正认识的人嘘寒问暖，我真是觉得很虚伪，难以开口。其实，我在我的朋友圈里是一个非常热情的人，并且很幽默。所以，我觉得自己并非一个内向的人，大概是脸皮太薄，与别人初次交往时总是感到不好意思。

我现在很想改变一下，跟别人交往时热情一点，不要让人家对我的第一印象下“冷酷”的定义。请问，我该如何表达我的热情呢？

如果是你，你会怎么做？

下面是一些传递热情的技巧，这些技巧既可以在你与领导交往时使用，也可以用在你与同事或者其他任何人的交往过程中。

● 保持微笑。

微笑会产生一种类似于化学能量的良好感觉，会使人感到放松，这能够改进你在与人交流时给人留下的第一印象。微笑并不意味着你要每时每刻都装出笑脸。但当你遇到认识的人，或是愿意与之交往的人时，就要微笑。微笑可以展示你热情开朗的态度。

● 身子前倾。

身子前倾是表示你跟他距离很近，并且表明你正在听对方讲话，并对其很感兴趣。从对方的心理判断来讲，这是你对他的一种恭维，他会很愿意继续与你交谈。因为，他感觉到了你的热情。

● 声音真实。

与人交流时，最初的几句话所运用的语调应是沉稳、镇静和强有力的，同时应当高低适度，讲求流利，要有节奏地强调关键词和语句。

● 眼神交流。

有句话叫眉目传情，许多时候，我们的热情都是靠眉目传递给对方的。在对方与你打招呼或向你提问时，你要热情地注视他的眼睛。当你与对方用眼神交流时，最好中间有简短的间隔。当对方对你微笑时，你一定要微笑；当对方准备说话时，你要重新与其进行眼神交流。

● 点头赞许。

点头是非常简单的一件事，点头表示你在专注地听他说话，并能理解他所讲的内容。它通常发出的是热情的信号，鼓励他人接着说。

我们必须注意的是，对别人不感兴趣的人，也很难引起别人对他的兴趣，更谈不上给别人留下热情的印象了。试着去关注别人，发现他人身上的优点与长处，传递出“你喜欢对方”的正面信息，那么你将会获得这样的结果：在两个月之内，你所得到的朋友，就会比一个要别人对他（她）感兴趣的人在两年内所交的朋友还要多。

第九章

与领导的关系是应该更亲密，还是应该保持距离

多数人对人际交往的心理知识所知有限，在生活中也不懂得如何运用心理技巧调节与领导的关系，因而很多人和领导的友谊往往是昙花一现，然后就互不信任，各奔东西。

聚焦：跟你的领导搞好关系，真的很难吗

小李大学毕业后进入一家企业做会计，因为为人踏实谨慎，工作认真负责，小李很快就胜任了自己的工作。

会计工作主要是月初和月末比较忙，小李的直接上司马经理觉得小李平时事情不是很多，于是交给小李一些其他事做。小李刚进入公司，为了保住这份工作，对于马经理交给自己做的事极少推托，哪怕加班加点也会努力做完，最后确实也得到了马经理的赞赏。

但是一段时间后，小李开始觉得很累，还因为交了一个男友，所以想工作更轻松些，也想有更多的时间。于是，渐渐地，小李开始推托马经理交给自己的额外事情。

但不久，小李就发现马经理对自己的态度越来越不好，甚至有时似乎故意针对自己。

小李觉得很冤，自己那么努力，只不过想稍微轻松一下。面对有些偷懒的员工，也没见马经理的态度那么差。小李觉得马经理怎么这么不讲理呢！于是离开了这家公司。

也许很多人正遇到和小李类似的问题，因为和领导缺乏良好的关系，而影响自己的职业发展。之所以出现这样的问题，是因为我们不懂得如何和领导建立恰到好处的关系，案例中的小李正是掉入了本章即将要讨论的“从肯定到否定”的陷阱中。本章将就与领导关系中的基本原则和方法以及一些基本技巧展开讨论，具体包括以下内容：

（1）什么是增减法则?

（2）如何利用增减法则？

（3）与领导交往中冷技巧应该如何用？

（4）与领导保持怎样的距离才是适当的？

（5）我们应该避免哪些不利于与领导建立良好关系的行为？

1. 人际关系的增减法则

很多人并不善于和领导搞关系，而这很多时候限制了我们的职业发展。原因正在于大多数人对人际交往的心理知识所知有限，在生活中也不懂得如何运用心理技巧调节与领导的关系。

1.1 什么是增减法则

心理学家就人际交往的交互性原则指出：从静态的角度来看，人们喜欢的是喜欢自己的人，而厌恶的是厌恶自己的人；从动态的角度来看，人们最喜欢的是对自己的喜欢水平不断增加的人，而最厌恶的是对自己的喜欢水平不断减少的人。这个动态的关系交互，就是人际关系的增减法则。

一辆废旧汽车丢在了公寓后面，引来了附近一群调皮的孩子。他们每天都会来到这辆废旧汽车附近玩耍。他们攀上车厢，在上面蹦跳打闹，直到精疲力竭。这样一来，公寓里的居民们算是遭了殃，孩子们喧哗的吵闹声让他们无法好好休息。于是，他们想尽办法来遏制孩子们来这里玩耍，但每次都无功而返。

有一次，一个中年人想出一个办法。

这天，他对小孩子们说："今天你们比赛，蹦得最响的奖玩具手枪一把。"小孩子们高兴极了，争相蹦跳。最后，那个蹦得最高的孩子果然得奖。第二天，这个中年人又来到车前，说："今天继续比赛，奖品是两个棒棒糖。”孩们见奖品大不如昨，很是不悦。于是，无人卖力蹦跳，声音稀疏而弱小。但这个人还是把棒棒糖奖给了比较爱蹦的小孩子。接下来的一天，中年人满怀歉意地对孩子们说：“今天奖品是两粒花生米。”小孩们一听，都跳下汽车，异口同声地说：“不蹦了，不蹦了，回家吃饭去，真没劲。”

这个小故事印证了一个非常普遍的社会心理学原理——人际交往的“增减原则”，这一原则左右着人们的交往行为。

1.2 阿伦森实验效应

职场中有一个非常怪异的现象：大部分人与领导的关系，一开始都非常美好，那种感觉就像两个志同道合的同志惺惺相惜一样。然而，在经过一段时间后，我们就会发现他们的关系出现了裂痕，然后便是修补这种裂痕。但是，这种裂痕似乎总是没完没了，当裂痕不断累积，分歧不断拉大的时候，他们的友谊就会突然间不复存在。

如果你足够细心，这样的情况你可能已经见过多次。心理学家曾经做过一个著名的实验：安排被试者的同伴用四种不同的评价情况评价被试者，分别是：

- 始终是肯定的评价。
- 始终是否定的评价。
- 先肯定后否定的评价，且否定程度和第二种情况相同。
- 先否定后肯定的评价，且肯定程度和第一种情况相同。

问在这四种情况下，被试者对同伴的喜欢程度如何。结果，被试者对于原来否定自己而最终变得肯定自己的交往对象喜欢程度最高，明显高于一直肯定自己的交往对象，而对于从肯定到否定的交往对象的喜欢水平最低，大大低于一直否定自己的交往对象。

我们对别人的喜欢，不仅仅取决于别人是否喜欢我们，而且取决于别人喜欢我们的水平和性质。由原来肯定自己转向否定自己，意味着人们正在丧失既有的自我价值支持力量，在面临自我价值遭受威胁时的优先反应，不是否定自身，而是尽可能地维护自身，通过对先肯定后否定我们的人高度否定和拒绝来实现自我价值的保护。

正因为如此，人们对来自昔日朋友的嫉妒和拒绝会感到特别的敏感和痛心，因此一些过激的行为往往发生在与我们熟悉的人之间。

2. 避免增减法则的消极影响

增减法则给我们的第一个启示是：我们对领导不能一味地肯定或一味地否定。当我们主动与领导建立友谊的时候，特别是某些特殊的情况下维持友谊关系的时候，我们必须遵循“否定——肯定”的逻辑顺序。

2.1 职场情景：案例背后的真理

许多人都不自觉地进入雷区。下面这个例子就是典型。

年轻人A大学毕业后分到一个单位工作，刚进单位时，他决心好好地表现一番，以给领导和同事们留下良好的第一印象。于是，他每天提前到单位做一些清洁工作，节假日主动要求加班，领导布置的任务有些明明有很大困难，他也硬着头皮承揽下来。本来，刚刚走上工作岗位的青年人积极表现一下自己是无可厚非的，但问题是A此时的表现与其真正的思想觉悟、为人处世的态度和模式相差很远，夹杂着“过分表演”的成份。因而难以长久地坚持下去。没过多久，A水也不打了，地也不扫了，还经常迟到，对领导布置的任务更是挑肥拣瘦。结果，领导和同事们对他的印象由好转坏，甚至比那些表现不佳的青年的印象还差。

2.2 心理调适：了解职业中的心理陷阱

A 的情况是过度表现自己，给人造成的心理反差过大，从而使人产生厌恶感和不真诚感。这是职业生活中的一种情况。还有一种情况是，我们对领导的主动赞美，也需要尊重人的这种心理特征。必须清楚的是，人的心理是可以相互感应的，领导对你的评价恰恰是你对领导评价值的心理反应。所以，要充分地运用这中间的交互作用形成良好的心理纽带，以增进友谊。下面这些是你主动赞美领导时一定要注意的问题：

● 了解人性。

人性的弱点是都喜欢受到正面夸奖，但人也是理性的动物，人喜欢正面刺激也是有理性分析的。所以，不要见到领导都正面夸奖，这样往往会适得其反。

● 过犹不及。

恭维不总是让人喜欢的，虽然这是“肯定——肯定”形式，但时间久了，对方就会对这种没有诚意的、廉价的恭维厌倦甚至讨厌。“肯定——肯定”形成的效果最终赶不上“否定——肯定”形成的效果，其原因就在于区分性差，针对性不强，让人们怀疑其诚意，而唯有真诚的赞赏才能让人倍感珍惜和兴奋。

● 先抑后扬。

随着彼此交往的增多、熟悉的深入，人的心理就会发生很多微妙的变化：宽容渐渐少了，挑剔和指责越来越多；赞赏渐渐少了，嫉妒和怨恨越来越多；真诚渐渐少了，虚伪和欺诈越来越多。这种“先扬后抑”的动态递减模式，是最得不偿失的。尽管你最初的赞扬是发自内心的，然而因为呈现策略的不佳，最终使它变得一文不值。

3. 有效利用增减法则

绕开雷区并非是我们的目的，我们的目的是要巧妙运用增减法则，制造一种动态的、螺旋式上升的心理曲线。换句话说，我们不仅仅要注意增减法则的负面影响，也可以利用增减法则为自己与领导的友谊注入持续的动力。

3.1 情景体验：对婚姻不忠的“定律”

在很多人看来，从陌生人处所获得的赞许，往往比从配偶处得到的赞许更有吸引力。之所以如此，可能是配偶的关怀与爱更类似于“肯定——肯定”类型，而和自己没有任何关系的异性对自己的关怀与爱更类似于“否定——肯定”类型。

前者处于静态之中，后者处于动态之中，对于静态的东西容易在心灵上适应、习惯甚至是麻木，而动态的、变化的感觉使人兴奋和感到刺激。“先否定后肯定”的模式，美妙之处就在于验证了心目中这样一个想法——没想到他竟然是这么好的人，他越来越值得爱了！

3.2 善用增减法则：交往的心理策略

如果我们希望与领导形成持续上升的友谊状态，我们就应该像上面所说的陌生人一样，而不是像配偶那样。那么，与领导的交往确实有办法做到这一点吗？

下面这些技巧，就是处理这个问题的。

● 把基点拉低。

如果你要给领导一定的帮助，不妨先把基点拉低，以递增的方式给予要比每次都以平均的方式或以递减的方式给予效果要好得多。

● 以退为进。

如果你确认可以提供某些帮助，但领导尚没有就此向你提出要求，你不妨先冷一冷，等到时机恰当时再处理。这可以增强领导对你的信赖感。

● 抓住关键。

平时不要过多地表现自己，这无助于在领导的心目中创造良好的感觉。你可以低调一些，但是在关键时刻一定要站出来。

● 保存自己。

话不是一次可以说完的，本事也不是一次就能显尽的。与领导之间的交往是个渐进的过程，你完全可以把一些赞扬或者是批评的话慢慢说出来。“保存自己”就是“保存”你们的友谊，因为完全显露自己恰恰是让自己处在最危险的位置上。记住，保存自己不是不作为，只不过是低调作为。

我们都见过聪明的售货员，当他秤货给顾客时，不是先抓一大堆放在秤盘里再一点点地拿出，而是先抓一小堆放在秤盘里再一点点添入……我们应该从他们身上学一些与领导交往的技巧。

4. 处理好与领导关系的冷技巧

当你与他人或者领导发生矛盾时，适当留点空白进行暂时的“冷却”，要远胜过猛打猛攻。

4.1 给你和领导的关系“淬火”

当我们与领导走得过近时，是较危险的，这不是说有什么具体的伤害，而是指你们之间摩擦的可能性将进一步加剧。这就是为什么越近的人总是离开得越快的一个原因。领导也是人，也摆脱不了人所特有的心理特征。那么，当我们发现与领导的关系确实很不错，但也问题不断时，该怎么办呢？

处理方法就是，我们要重视与领导的朋友之情，但又不能让这种朋友之情成为某种问题的媒介。避免的方法就是淬火——一种冷处理方式，把正在闪射的火星冷却，这种冷处理就是心理学上的“淬火效应”。

“冷处理”是物理学上的名词，是指模具加工工艺的一道工序，叫“淬火”，就是把烧红的模具放入冷水中处理，目的是让模具变硬、耐用。物理知识告诉我们，金属工件被加热到一定温度，然后浸入冷却剂（油、水等）中处理一下，这样出来的金属工件性能更好、更稳定。而现在，“冷处理”则被人们引申为一种人际交流与沟通的艺术。

4.2 “冷处理”可以帮助我们解决众多生活问题

“冷处理”方式不仅仅表现在人际交往中，它也是我们在面对人生中出现的各种问题时一个最有效的处理技巧。

我们经常会遇到这样的人，他因为烦恼而愁眉不展，工作无法顺利进行。问他为什么不去做事而只是在想，他往往回答说，还没考虑成熟。但是，仔细分析他们的行为，我们就会发现，他们不是“在考虑，所以不去做”；而是“不会去做，所以在考虑”。总之，他们在把不会去做的理由正当化，所以总是有很多人在事前不断地犹豫、考虑。

一般而言，可以将人分为冲动型和熟虑型两种类型，冲动型的人反应快，但是错误多；熟虑型的人则反应慢，错误少。这两种人各有优缺点，但是“暂不处理”可以使两者达到平衡。事情的大小虽有差别，但是经过一段时间的考虑之后，必须马上开始行动。我们要记住：“暂不考虑”并不是把问题忘记，只不过是将问题暂时“冷却”后寻找更好的机会去处理。

“冷处理”在生活中很常见，运用得当恰恰是改善人际关系的重要法则。请看下面这个例子：

有一部非常精彩的电视剧，它讲的是一个公司的故事。这个公司有一间娱乐室，里面有围棋、麻将、象棋、扑克牌等，所有娱乐用具一应俱全。只有一件绝对禁止的事，就是“工作”。在这里做什么都可以，只有做工作是不允许的。那么，在这家公司上班的人感觉怎么样呢？起初他们很高兴，像这样上班，无论时间再久都愿意，每天都玩得很快活，但是不久之后，他们就开始非常想做工作了。

4.3 运用冷技巧处理与领导的友谊

如果你们的友谊已经建立，那么善用“淬火效应”则是缓解友谊紧张的有效办法。

在这里我们界定一个前提：当领导视你为朋友的时候，很多时候他也未必是理性的，而这也是正常的——这一点我们首先必须理解。

● 冷静最重要。

当争吵发生后，你最需要的是冷静，而不是把领导的“热争吵”变成激怒自己的武器。

● 不要太在意。

当领导暴怒之时，你只需要不做声就可以了。直接轻描淡写地带过，不必处理，时机成熟时再着手处理。

● 握手表态度。

一个愤怒的人往往大肆挥舞双手，严重一点的人还会拍桌子摔东西。你不应该对此进行言语上的顶撞，你应该说：“我了解您的心情……我会去做好的。”然后伸出你的手，示意领导握手言和。通过控制领导激动的行为，达到调解领导情绪的目的，起到缓解冲动的作用。领导如果拒绝握手，你可以大胆地、合理地借故多次试着跟他握手。

● 要有包容心。

有容乃大，只有包容领导的缺点或偶尔的过错，才会赢得领导的尊重。先包容领导的过错，再积极地寻求解决的办法，让双方的交情更加深厚。

● 切莫翻旧账。

很多人不懂规矩，无论是与领导还是与他人交往，在有问题的时候总喜欢把对方的既往过错全都一股脑儿地抖出来。这种翻旧账的办法不仅无法赢得领导或他人的支持，还会引起领导强烈的恶感。

● 不要冷太久。

一旦发生争议，那就要“冷处理”，但不能“冷”得太久，以至“冷寒了心”。常常有这样的情况，争议后我们都认识到了自己的过错，只是难以启口让对方谅解。这时，只要你发个信息，稍作些自我批评，就能化干戈为玉帛。

5. 把握与领导的交往距离

“近者疏之，疏者近之”是人际交往的重要心理法则，也是我们与领导保持友谊的一个重要法则。

5.1 人人都有自我空间

我们知道，任何一个人都需要在自己的周围留出自己能够把握的独立空间，而这个空间是任何人都不可以侵犯的。所以我们说，在和领导交往时，你一定要控制好与领导的距离，既不可过远，也不可过近。

有这么一个故事：两只相爱的刺猬，由于寒冷而相拥在一起。但谁都知道，长长的刺会刺痛彼此小小的身体，无奈之下，它们只好保持足够的距离，默默地忍受着寒冷。可是天气越来越冷，两个小家伙谁都受不了刺骨的寒风，下意识地又凑到了一起，经过一番努力，它们终于找到一个最合适的距离：既能获得对方的温暖而又不至于刺痛彼此。

这就是心理学上的“刺猬效应”。刺猬效应反映了人际交往中的心理距离效应：即每个人都需要在自己的周围有一个自己把握的自我空间，它就像一个无形的“气泡”一样，为自己“割据”了一定的“领域”。

5.2 人们对自我空间的保护意识很强

一位心理学家试图用实验来证明这一论断。

心理学家在大学里选择了一间刚刚开门的大教室，当里面只有一位同学时，心理学家走进去，并坐在他或她的旁边。试验重复进行了整整80人次，最终得出这样的结论：在一个空旷的教室里，没有一个被试者能够忍受一个陌生人紧挨自己坐下。尽管心理学家尝试着变化自己的位置，比如分别坐在被试者的左边、右边、前面或后面，但是被试验者在不知道这是在做实验的情况下，更多的人选择立即默默地远离到别处坐下，有人则干脆发问：“你想干什么？”

由此可见，人们对这个自我空间的保护意识很强烈，人的这个自我空间一旦被侵犯，就会产生不舒服、不安全的感觉，甚至因此恼怒。

个人空间是相对的，它的范围的大小由交往双方的人际关系以及所处情境所决定。简单地说，合适的距离取决于你和对方的亲疏关系和所处环境。

但很多人并不清楚这一点，他们总是把握不准这个距离，不是太近就是太远，太近会让人觉得不安全或不舒服，太远则让人觉得你不够热情，两种情况都无法形成并保持健康的友谊。

6. 确保关系与距离的对应

与领导建立起健康的友谊关系的奥秘在于：保持特定的关系纽带，依据关系的深浅度进行距离调节以达到平衡。

6.1 行为依据：关系类型与空间距离

如果我们跟领导的关系并不像你想象中的那么美好，那么过于亲近就容易造成误解；而如果与领导的关系足够好，距离过于疏远也不行。

那么，什么样的关系，应该对应着什么样的距离呢？人类学家爱德华·霍尔博士给出了清楚的解答：它将人际交往划分为四种区域或距离，各种距离都与双方当下的关系相称。

● 亲密距离。

这是人际交往中的最小间隔或几无间隔，远范围也仅是 15～44 厘米之间，面对面能够清楚地看见对方的表情和眼神，身体上的接触可能表现为挽臂执手，或促膝谈心，仍体现为亲密友好的人际关系。一般女性上司与女下属之间容易形成这样的关系。

● 个人距离。

这是人际交往中稍有分寸感的距离，少有直接的身体接触。近范围距离为 46～76 厘米之间，相当于两臂的距离，仅能保证相互亲切握手，友好交谈。这是与熟人交往的空间。如果与素昧平生的人保持这种距离，就会构成对别人的侵犯。远范围距离是 76～122 厘米，任何人都可以自由地进入这个空间，不过，熟人之间保持的距离更靠近远范围的近距离一端，而陌生人之间谈话则更靠近远范围的远距离一端。

● 社交距离。

这已完全超出了亲密或熟人的人际关系，仅仅体现出一种社交性或礼节上的较正式关系。社交距离的近范围为1.2～2.1米，相当于一个人横躺在两人中间的距离，一般在工作环境和社交聚会上，人们都保持这种程度的距离。社交距离的远范围为2.1～3.7米，表现为一种更加正式的交往关系。公司的经理们常用一张大而宽的办公桌，并将来访者的座位放在离桌子一段距离的地方，这样与来访者谈话时就能保持一定的距离，这样就能增添一种庄重的气氛。

● 公众距离。

这是公开演说时演说者与听众之间所保持的距离。近范围为约3.7～7.6米，远范围在10米之外。这是一个几乎能容纳一切人的“门户开放”的空间，人们完全可以对处于空间中的其他人视而不见，因为相互之间未必发生一定联系。因此，这个空间的交往，大多是当众演讲之类，当演讲者试图与一个特定的听众谈话时，他必须走下讲台，使两个人的距离缩短为个人距离或社交距离，才能够实现有效沟通。

6.2 行为选择：界定你与领导的关系与距离

显然，相互交往时空间距离的远近，是交往双方之间是否亲近、是否喜欢、是否友好的重要标志。因此，在与领导交往时，选择正确的距离是至关重要的。

现在，请你认真思考下面的问题：

你的领导属于哪种人？严肃的还是随和的？异性还是同性？对方更倾向于哪样的交往距离？把你对领导的认知写下来，并相应地设定你们之间交往的最佳距离，在工作中努力去做到它。

我们的建议是：大多数人与领导交往都应该保持在个人距离这个位置上，即使你们的友谊是深厚的，在行为上保持“个人距离”也是一个有利的选择。

6.3 与领导距离的弹性调节

当你了解了人和人之间的距离划分后，你就能通过判断与领导的关系来决定距离，但是，距离并不是一成不变的，你需要懂得调节距离的弹性，做到不近不远，不亲不疏，这需要一些技巧。

人际交往的空间距离是可变的，且具有一定的伸缩性。这由具体情境，交谈双方的关系、社会地位、文化背景、性格特征、心境等决定。当情景不同时，你应当因势调节距离。特别要注意以下问题：

● 身份要求。

一般情况下，领导都要求有更大的自我空间。因此，无论你和领导的关系到了怎样的程度，你都需要和他保持比一般人更远一些的距离，过分亲密对他来讲，无异于不尊重。

● 性格特征。

性格开朗的领导较容易容忍别人的靠近，他们也愿意主动去接近下属，他们的自我空间较小。而性格内向、孤僻自守的领导对靠近他的人十分敏感，即便你是他的好朋友或是家人，你都要保证和他的距离控制在一定范围。

● 尊重隐私。

即使最亲密的人际关系，如夫妻等等，也应彼此保留一定的心理空间。这种尊重表现为不随便打听他人不愿意、不主动告诉你的事，追问他人的秘密等，否则容易失去应有的人际距离。

7. 学会为领导分忧

下属如果想赢得领导的信赖和友谊，就要懂得替领导分忧。

7.1　为领导分忧的两个要求

领导是团队管理的主要责任人，所谓责任人意味着他要对团队的健康合作承担责任。团队出现问题，虽然可能是部分员工的责任，但那必然也是领导的责任。下属要学会在这方面为领导分忧，即建设性地协助领导维系团队积极合作、健康向上的风气。这里面有两个要求：

● 确保自己不成为问题。

个人必须保证不成为破坏团队合作的一分子，否则，个人与领导再深厚的友谊也只不过是一时一事，因为领导的职责并不是专门替你解决问题。

● 主动激发团队合作。

个人应该成为维持团队合作的因子，保证团队成员紧密团结在领导的周围。这样就能够帮助领导减免许多不必要的管理内耗，增强他对未来发展的信心。

无论你的领导是谁，是公司经理、董事长、事业单位领导，还是政府官员，都无法仅仅依靠他自己来实现所有的目标，他迫切地需要下属和团队、客户、合作伙伴的帮助。而其中，团队的和谐共进对领导来说是最大的支持，所谓“内不安则外不稳”就是这个道理。

7.2　领导关注什么：团队管理中的领导心理

如果我们认为自己与领导有着较为牢固的合作关系，可以给领导提供更多的帮助，那么我们是否知道领导在一个团队的运作中最关心什么？就领导的目标来说，他必然希望自己的团队是一个相互合作、相互学习、共同进步的团队。这样一个团队就涉及多方面要素——注意：通常意义上，这就是我们可以为领导提供的帮助的各个方面。

● 团队驱动力。

团队成员是否充分意识到目标的重要性？是否真正意义上理解了

团队发展过程中必须跨过的一些障碍？唯有解决了这些问题，团队的进步才可能实现。团队中那些破坏团队目标感、破坏团队目标驱动力的人，恰恰是领导最痛恨的下属。

● 团队学习力。

面对外部环境的迅速变化，团队的竞争力就必须通过不断的学习和提升来实现。在学习和提升过程中，哪些人自以为是，哪些人不够谦虚，而且总是重复性犯错误？对这样的人应该如何进行培养或者安置？这些问题几乎是每一个领导都在不断思考的问题。

● 团队执行力。

对于一个成功的团队来说，最重要的是它的执行力。执行力的好坏，直接关系到这个团队价值的体现。那么领导关心什么呢？他关心的是团队在合作过程中是不是每一件事都落实下去了，是哪些人破坏了团队通力合作实现目标，哪些人总喜欢拖延和推卸责任，对这样的人应该施以怎样的管理，这些问题同样是既常见又重要的。

● 团队的活力。

团队成员的态度和活力决定着团队的命运，一个死气沉沉的团队是不可能存在激情的，也是不可能产生创造性行为的。但恰恰是激情和创造力决定团队的生命。团队的活力来自于每一个人，这就意味着领导必然会关注：这中间谁是那种“死猪不怕开水烫”的人，谁是那种得过且过的人，谁对团队的活力造成了相当大的负面影响，这样的问题可以怎样解决，等等。

● 团队凝聚力。

团队的凝聚力不仅是维持团队存在的必要条件，而且对团队潜能的发挥有重要作用。一个团体如果失去了凝聚力，就不可能完成组织赋予的任务，本身也就失去了存在的条件。问题是，是什么妨碍了团队的凝聚力，这中间有什么破坏因素导致了这些情况的出现。

● 信息的反馈。

在一个优秀的团队中，人人都可以从同事的意见和建议中受益，人人都乐于给别人提出建议，同时也乐于接受别人提出的建议，征求和提供反馈意见是出于相互支持而不是相互竞争。但是，大多数领导往往会为此头疼，就连他们自己想知道的信息也无法获得，信息的交流是如此的闭塞以至让人感到难以接受，但是要改变又非常难。

任何一个领导都深刻地意识到，仅依靠某个人的力量是不可能形成某种有效的足以维持发展的力量的，这正是领导要加强团队管理的原因。但是问题也总是会存在。

7.3 领导对你的期望：为健康的团队建设做贡献

大多数领导不会对团队中的某一个员工抱持某种特殊的期望。我们上面说的团队建设中的这些问题，很多领导都会独立地去处理。但是，他们的独立处理并不代表着他们不需要帮助，事实上如果你确实是领导值得信赖的那个下属，或者你们存在着良好的合作友谊，那么，对于这些问题，领导是希望你能提供帮助的。

现在静下心来想想你的领导最关注团队中哪些问题，这些问题的真实情况是怎样的。

如同我们在本书第七章中所说的一样，你应该协助领导解决问题，而协助领导解决问题的第一步就是向你的领导提供真实的信息。另外，就一些特殊的情况，我们提出下面一些为领导分忧的方法。

● 为落后者提供帮助。

你可以尽可能地帮助领导培养那些团队落后者，为那些落后者的进步做点事。正是因为团队中存在落后者，团队的战斗力才会被削弱。如果你能够帮助落后者，也就是帮助了领导。

● 消除团队中的矛盾。

大多数情况下，领导是不知道团队的矛盾的。你可以将这种矛盾客观地告知领导，也可以主动去化解这些矛盾，这些都是对领导、对团队发展负责任的做法。

● 灌输团队合作理念。

你千万不要成为独行侠。你应该站在领导的角度，倡议你的同事紧密团结在一起，为一个目标共同努力。你应该是围绕目标努力奋斗的一个黏合剂。如果你能够做到这一点，那么你无疑大大减少了领导的忧虑。

● 主动创造学习平台。

不是一定需要领导发起，才能成立学习创新的团队。事实上，即使领导发起，也未必能够做到这一点。你应该主动站出来，引导大家相互学习、互相提携。这一点，只要你有足够的技巧，是可以做到的。

● 做目标的引领榜样。

大多数时候，你应该成为一个追求目标的榜样。即使你跟领导的关系不错，你也需要在团队发展目标上做得比别人更胜一筹，同时保持谦虚和对他人的帮助。如果你这样做，那么不仅仅领导欣赏你，你的同事也将对你表示感激。

● 制止团队的歪风邪气。

团队中的歪风邪气损害的不是某一个人的利益，而是所有团队成员的利益，当然也包括领导。你应该成为一个正直的、对歪风邪气说“不”的人，这样才值得大家信赖，也值得领导信赖。更重要的是，在这个过程中，你会为团队的积极向上树立一个正确的导向。

从以上的情况来看，你不仅应该成为值得领导信赖的人，还应该成为他解决问题的左膀右臂，这才是对你们友谊的维持和深化有帮助的表现。换句话说，就是：你不是一味地“讨好”领导，而是真正意义上成为领导管理的帮手，这种关系才是健康和持久的。

8. 提高自身素质，让领导喜欢你

有好的办事能力可以让领导赏识你，但是拥有好的品质和修养，可以让领导喜欢你。

8.1 我们应该避免的消极行为

下面我们看一看职业中一些消极行为与领导的相关反应是怎样的。

● 冷眼旁观的行为。

即使这样的行为不会将问题扩大化，对团队的凝聚力也没有任何帮助。大多数领导对这样的职员，通常是缺乏关注的。

● 不提不醒的行为。

还有一种员工不是旁观，而是不提醒的话，就绝不会主动去解决问题。这类员工通常都是被动地接受指令，缺乏主动性。对这类员工领导不会产生高度信任，通常也不会重用他们。原因在于，这种员工需要过多的监管，不监管就会出问题。

● 添油加醋的行为。

这样的人很常见。自己不会犯事，但对别人的事总是添油加醋。一些小道消息也可能成为他们津津乐道的谈资，从而破坏团队的和谐。这样的员工是领导严加防范的。

● 造谣生事的行为。

这类员工不仅是领导严加防范的，同样也是领导必然会想办法从团队中剔除的人。这是因为这类员工是主动滋事的人，他们总是无中生有地捏造问题或将问题扩大，造成的影响相当恶劣。

● 躲避问题的行为。

有些员工不是冷眼旁边，也不是需要提醒，而是即使提醒了，也会逃避问题。这样的员工更多的是因为性格软弱，因而难担大任。通常情况下，领导会安排这样的员工去做一些简单、独立的工作，而不是让其更广泛地参与团队建设。显然，这对个人的成长是一个巨大的阻碍。

在这里列举上面这些问题是要提醒我们：我们今天是否受领导信赖和重用，全部是由我们自己过去的行为造成的。如果我们希望自己能够成长得更好，方法只能是认真地对照分析自己的情况，将自己的心理、行为表现改造得更好，这是我们唯一的出路。

8.2 提高自己的修养，打动领导

也许许多职场人士还不知道，当他们的身影进入领导的视线时，领导已经对他们进行了一系列的判断。

通常在人们第一次见面的时候，首先注意的就是对方的衣着、神情以及举止。职场中的沟通高手都知道，真诚的微笑、整洁的仪表以及职业的举止都是赢得良好印象的一大法宝。

● 注重个人形象。

在新一期杂志的选题会上，主编特地叫了刚入职的编辑一起参加会议。由于会议时间比较长，主编提出休息十分钟。美编齐悦利用这个时间整理笔记本上的记录，坐在她身边的新编辑就去会议室的书柜里拿出几本杂志翻看。

突然，齐悦的身子一下子僵硬了——一只肆无忌惮的脚丫伸到了她的身边，还一晃一晃的。时值夏天，小编辑光脚穿着一双夹趾凉拖，可能是由于太热了，她把凉拖甩在地上，把饱受拘束的脚晾在外面。可能觉得光是抖脚还不够放松，女孩还时不时地抠抠脚趾，然后用抠完脚的手指继续翻杂志。齐悦见到这个情景，除了恶心得晚饭都想省了之外，还感到异常气愤：虽然这些杂志都是公司购买的，但却是编辑们去国外的书展时一包一包地背回来的，非常辛苦。齐悦忍无可忍地站起身来，换了个别处的座位。

齐悦原本还对这个热情的新人印象很好，但经过这件事之后，齐悦也不愿意和她打交道了。

齐悦自己也是从一个对杂志出版毫无了解的新人一步步走过来的，一直到今天，她对自己第一天上班的经历依然记忆犹新。

一开始没有什么具体的工作分配给齐悦，她见旁边的同事开着QQ和MSN，于是也在百无聊赖之下在自己的电脑上装了聊天软件。在QQ上，她与几个朋友聊得不亦乐乎，一时间，满屏幕都是搞笑的贴图和表情。结果，齐悦遭到了领导的一顿批评。当时齐悦觉得很委屈：为什么别人聊天没事，我却要挨骂？

第二天早上，齐悦来到办公室打开电脑，Outlook里有一封很长的邮件，是主编昨天写给她的。主编在邮件中细数了很多齐悦身上的毛病，比如不应该在工作场合用聊天工具、不应该在办公室吃早饭、翻阅完资料应该平整地放回原处，等等。

主编在邮件最后说："你是一个刚毕业的人，是一张白纸，所以在一开始就不应该有污渍，这样将来才会越走越好。也许我说得有点重，但希望你不要怪我。"看完了邮件，齐悦把自己关进了厕所，大哭了一场。一直以来都以"乖乖女"形象示人的齐悦从来没被人挑出过这么多毛病，而今天一个职位很高、和自己接触不过两天的人居然一口气说出了她这么多弱点，并写了很长的邮件来告诫她，简直令人受宠若惊。

从此以后，齐悦对工作有了另一番见解，也慢慢开始观察身边的人如何展现专业的一面。

对一个职场人士来说，衣着、举止等外在印象就能够清晰反映出他的职业素养。

心理学研究发现，人们给交往的对方留下的第一印象在一分钟甚至三秒钟之内就已经确认，而第一印象95%来自于衣着服饰、面部表情、肢体动作等外在形象。人们会不由自主地重视一个西服革履的人，而忽略另一个邋遢随意的人，形象整洁、举止得体的人在沟通上遇到的阻力会更小。

心理学家做过一个实验，他找了两组在企业中实习的大学生，让他们做与平时无异的工作，不同的是一组学生穿的是职业正装，另一组学生就穿着平时的休闲装。实验结果表明，穿着职业正装的学生工作效率比穿着休闲装的学生的工作效率高出许多。

美学理论中有一句话同样适用于职场："形式具有内容的涵义。"服装就是一个信号，穿着正装，首先代表这是一个重视工作、重视礼仪的人。着装有一种魔力，职业人士进入办公室后，一言一行就要符合职业的规范。

● 收起"奴相"。

这里的"奴相"一词之所以加了引号，并不是指电视剧中那种卑躬屈膝、磕头如捣蒜的夸张姿势，而是一种畏缩的气势，这种气势实在要不得。

礼仪不是卑躬屈膝，这种谄媚、讨好的形象上司并不喜欢。其实，这种畏缩的肢体动作出自于一种不自觉的自卑心理，潜意识里希望别人认为自己仍然是纯真、年幼、不谙世事，从而不会受到苛责和冷遇。

而这绝非个别现象。不少人在和朋友、家人一起的时候谈笑自若，但一碰到领导或地位比自己高的人时，就会不由自主地做一个动作：缩脖子。除非对方是喜欢颐指气使的人，不然肯定会感觉不舒服，更别提对你有什么好印象了。

● 甩掉苦瓜脸。

在沟通的时候，表情淡定或者面带微笑的人更有气势。摆出一张苦瓜脸的人绝对不可能有气场。

俗话说，相由心生，如果一个人内心纠结，他就极有可能长着一张晦暗的脸。当领导走进办公室，看到的却是一张张嘴角下撇、紧皱眉头、怒气冲冲、苦大仇深的脸，他的心情能好吗？

当然，我们不是随时都会被拍照的影视明星，没必要在任何场合都保持程式化的微笑。但是当你不笑的时候，也请放松一下自己的眉，眼和嘴角。不要仅在面对领导的时候才展开笑容，因为即使是你独自走在楼道里或坐在办公室的时候，旁边仍然有很多人在悄悄地看着你。

8.3　积极工作，不偷懒

要想在职场中有所发展，给人留下“积极”的印象是非常重要的，但这种积极印象必须建立在勤奋认真的基础上。即使嘴上不说，领导和同事也对动辄偷懒的员工厌恶至极。

真正积极的人，往往是这样做的：

● 在开会时站起来发言。

在会议中，最好的发言姿势是站直，目光平视前方。因为站起来发言更有感染力，能够给人留下深刻的印象。

●提早进入工作状态。

在别的同事疲惫地赶到办公室开始做准备工作时，你已经进入工作状态，这样不仅有助于工作效率的提升，领导也会对你另眼看待。

● 认真做笔记。

在领导布置工作时，边听边做笔记一方面可以记录下对自己有用的信息，另一方面则是表示一种认同和尊敬。

● 开会的时候坐到领导身边。

越是对自己有信心的人越不畏惧和领导坐在一起。在没有安排固定座位的场合时，别等到领导强制要求时才惴惴不安地挪到空无一人的前排，直接坐在领导旁边的座位，方便随时与领导交流。

● 登门求教。

如果有事向领导请教，别用电话，直接起身去他的办公室。这样既能让他看到你的诚意，又能感受得到你的谦恭态度。

8.4 做一个高效的人

许多职场人士对全力投入工作表示怀疑，他们的心徘徊在工作与玩乐之间。许多年轻人宁可选择轻松而收入低的工作，以便尽情娱乐，他们认为，这样才是“自由”的人生。

既然出来工作，就要以成长为目标，获得丰厚的回馈，如升迁、加薪等，都不是一个虚妄度日的人能够达到的境界。说了这句话，许多年轻人肯定会愤怒地回答：“终日加班必定会损害健康。”实际上，勤奋工作不会损伤身体，而努力工作也不等于压缩休息时间，认为“工作伤身”的人，都是不懂得调节工作与生活的人。

工作多、玩乐少的人往往被视为缺乏情趣的人，但科学家研究发现，勤奋工作、生活自律反而令人长寿。科学家通过对两组人的比较研究发现：勤奋、雄心勃勃的人比感情用事、散漫度日的人平均寿命长4年。主持这项研究的美国加州大学心理学教授弗里德曼说：“勤奋的人既有稳定的工作，也有稳固的关系。而懒惰的人想努力推动自己，却总觉得没有希望。”

因此，我们可以清楚地看出，“工作伤身论”其实是工作态度的问题，是由于对工作的错误看法导致的。有时候，没有成就、没有回报恐怕比勤奋工作给人的伤害更大。如果你是一个缺乏工作干劲的人，可以合理运用PDCA循环法管理自己的工作。

PDCA循环法又叫戴明环，是美国质量管理专家戴明博士首先提出的一种不仅能够适用于企业质量管理，而且可以帮助我们管理工作同，获得职场发展的得力工具。PDCA就是Plan（计划）、Do（执行）、Check（检查）和Action（行动）这四个单词的缩写，PDCA循环就是按照这样的顺序对工作任务进行全面管理，并且循环不止地进行下去的科学程序。

● P（plan）计划：包括方针和目标的确定以及活动计划的制订。

● D（do）执行：就是具体运作，实现计划中的内容。

● C（check）检查：总结执行计划的结果，明确效果，找出问题。

● A（action）行动：也可以称之为“改善”，即对总结检查的结果进行处理，对成功的经验加以肯定，并予以标准化，以便于以后工作时遵循；对于失败的教训也要总结，以免重现。对于没有解决的问题，应提给下一个 PDCA 循环去解决。

PDCA 是个循环的过程，只有做好每一个环节，才能使我们无懈可击、远离惰性，成就不平凡的职业生涯。

但是，如果过于忙碌、天天加班还觉得工作做不完，不仅可能是因为工作量太大或者工作分配不平均的问题，更有可能是效率和方法的问题。有些员工或中层管理者事事亲为、不分主次，只好熬夜加班，让自己的身体状态和工作效率陷入恶性循环的圈子。若是身体受损，还得不到回报反而被贬职，这才是天大的不幸。面对“做不完的工作”，“繁琐事务简化法则”是打破这种状况的关键。

面对庞杂的工作任务，我们首先要对诸多事务分析研究后理出次序，选择重点并以最科学的方法加以处理，从而提高办事效率。“繁琐事务简化法则”用三句话概括就是：可以不做的工作坚决不要做；能与其他工作合并的工作就不要单独做；可以用简便的方法就不要用复杂的方法。当我们在接到一份新的工作任务的时候，我们就应该开始简化这项工作。“繁琐事务简化法则”的具体操作方法包括：

● 列出工作清单，将工作种类减少到最低限度。

工作清单必须全面，要将一定时间范围内的全部工作都列进去，这个时间范围可以是一周，也可以是一天。在列出全部工作以后，我们就能够清楚地看出，哪些工作是必须要做的，哪些工作是重复的、无意义的，并将重复的、无意义的工作从工作清单里删除。

● 明确工作目标，权衡工作先后顺序。

处理多项工作任务的一大原则就是：先把最紧急、最棘手的任务完成。在我们把必要的工作任务填入工作日志后，所有任务的耗时与重要程度都会非常清晰地呈现出来，接下来我们就要以此为依据，将最重要、最紧急的工作安排在最前面来解决。

● 在确定时间内做确定的一件有成就的工作。

在处理每一项工作的时候，我们都要让自己专心致志，排除其他任务的干扰。在对付最难的工作时，我们要在一个完整的、没有干扰的时间去完成它，等完成了这项任务，再去开展其他工作。

● 选择最佳工作方式，以尽快达到原定的工作目标。

当我们制订工作计划的时候，一定要考虑最有效、最快捷的方法。许多工作的进度都是耽误在繁琐的流程中，如果能够选择优化的方法，缩短流程周期，工作效率将会得到大幅提高。